아우구스티누스가 들려주는
신의 사랑 이야기

아우구스티누스가 들려주는
신의 사랑 이야기

ⓒ 박해용, 2006

초판 1쇄 발행일 2006년 7월 14일
초판 13쇄 발행일 2021년 11월 2일

지은이   박해용
그림   이경택
펴낸이   정은영

펴낸곳   (주)자음과모음
출판등록 2001년 11월 28일 제2001-000259호
주소   10881 경기도 파주시 회동길 325-20
전화   편집부 (02)324-2347 경영지원부 (02)325-6047
팩스   편집부 (02)324-2348 경영지원부 (02)2648-1311
e-mail   jamoteen@jamobook.com

ISBN 978-89-544-1949-9 (64100)

아우구스티누스가 들려주는
신의 사랑 이야기

박해용 지음

㈜자음과모음

세상을 사랑하기에 신의 나라를 생각하다 – 아우구스티누스의 생애

"하나님, 당신은 당신을 위해서 우리를 창조하셨습니다. 당신의 품 안에서 쉬게 될 때까지 우리의 심장은 쉬지 않을 것입니다."

이 뜻 깊은 문장은 아우구스티누스(Augustinus, Aurelius)의 《고백록》첫 부분에서 나옵니다. 그는 중세의 모든 교부철학자들(중세 교회의 아버지 역할을 한 철학자들) 중에서 가장 깊게 생각한 사상가로서 많은 사람들에게 감동을 주었으며 교회의 이론을 확실하게 세웠습니다. 아우구스티누스는 이 책에서 기도의 형식을 빌려 자신이 크리스트교로 개종할 때까지의 일생을 13권으로 나누어 기술하고 있습니다. 크리스트교 안에서 마음의 편안함을 찾을 때까지 그의 일생은 끝없는 불안과 많은 혼란의 연속이었다고 고백합니다.

아우구스티누스는 354년 누미디아의 타가스테(오늘날의 아프리카 알제리)에서 이교도인 아버지와 크리스트교인 어머니의 아들로 태어났습니다. 그의 어린 시절과 청년 시절을 옆에서 지켜본 사람은 누구나 그가 로마 가톨릭 최고의 대부가 되리라고는 생각하지 못했을 것입니다. 그는 세상의 쾌락을 좇아 방황하며 혼란스러운 생활을 했기 때문입니다. 학교에서는 당시의 엘리트들이라면 당연히 배워야 했던 그리스어 배우기를 싫어해서 수업 시간을 빼먹기 일쑤였고, 친구들과 남의 과수원에서 배를 훔치기도 했습니다. 뿐만 아니라 불량기 있는 친구들과 밤거리를 쏘다녔으며, 결혼하지도 않고 여자들과 살았던 적도 있었답니다(당시는 남자가 방탕한 생활을 하는 것이 크게 나쁜 일이라고 생각되지 않는 사회였지만).

이렇게 방탕한 생활을 하던 아우구스티누스는 젊은 시절 키케로(로마의 철학자)의 작품을 접하게 된 후 철학 연구와 진리 탐구의 길로 들어섰습니다. 그는 처음에 자신이 공동체의 일원으로 10년 동안 속해 있었던 마니교(선과 악의 원리를 믿는 종교)의 교리 속에서 진리를 찾을 수 있다고 믿었지요. 그러나 이 공동체에서도 혼란을 경험한 그는, 먼저 로마로 갔고 곧이어 황제가 있는 밀라노로 갔습니다. 그는 그곳에서 카르타고에서 했던 것처럼 수사학(오늘날 웅변술) 교사의 일을 했지만, 여전히 생각의 중심을 잡지 못하다가, 387년 밀라노 주교 암브로시우스의 설교에 영향을 받고 개종한 크리스트교 안에서 비로소 진리를 발견하게 됩니다. 이때부터 그는 이탈리아와 그의 고향인 북아프리카에서 연구와 명상 생활을 했습니다. 그는 사제로 임명되고 히포레기우스의 주교로 임명된 후에도 이러한 연구와 명상 생활을 지속했습니다. 그러다가 그는 430년, 반달족에 의해 도시가 포위당했을 때 사망했습니다.

아우구스티누스의 주된 저서로는 이미 언급한 《고백록》 외에도 《의지의 자유에 대하여》, 《삼위일체설에 관하여》, 《신국론》 등이 있습니다. 이 중에서 《신국론》은 가장 중요한 저서라고 할 수 있지요. 이 책은 고트족의 알라리크 왕에 의한 로마의 약탈(410년)에 자극을 받아 413년에서 416년 사이에 쓰였습니다. 이때 제기되었던 것이 로마의 몰락이 로마가 모시던 옛 신들을 포기하고 새롭게 크리스트교를 믿었기 때문이 아닌가 하는 문제였습니다. 아우구스티누스는 전체 22권 중 처음 5권 안에서 이러한 주장들에 대해 논박하고, 로마는 이기심과 도덕 불감증 때문에 몰락하였다고 논증합니다.

세상의 나라와 하나님의 나라 – 아우구스티누스의 사상

아우구스티누스는 그리스철학 이래 최초의 위대한 철학적 천재의 능력을 가진 사람이라고 합니다. 한마디로 말하면 그의 철학은 서양을 기독교를 믿는 국가들로 만들었으며, 이를 통해서 인류의 문화에 공헌하는 사고에 커다란 영향을 끼쳤습니다.

아우구스티누스는 어린 시절에 공부보다 놀기를 더 좋아했던 일이나 구구단보다는 트로이전쟁 이야기에 더 관심을 두었던 일, 또한 극장에

가는 것을 너무 좋아했던 일과 심지어는 젖먹이 시절 젖을 달라고 소리를 질러 댄 것까지 이 모든 일들이 일어나지 않았더라면 하고 깊이 반성합니다. 그는 과거의 이러한 거친 생활에 대한 반성을 통해서 자신의 철학을 독창적으로 만들어 갑니다.

아우구스티누스는 사람은 신을 알고 신을 사랑해야 한다고 하였습니다. 신을 알고 신을 사랑하는 일이 사람의 정신이 추구해야 할 가치를 갖는 유일한 목적이라고 보았기 때문입니다. 이와 달리 단순히 알기 위한 지식이나 외적인 목적을 위한 노력들은 쓸데없는 죽은 지식이고 불필요한 호기심이라고 보았습니다. 그래서 그는 불필요한 모든 것을 알고 있더라도 막상 당신(하나님)을 알지 못하는 사람은 분명히 불행한 사람이라고 생각합니다. 반대로 다른 것은 알지 못하지만 하나님을 아는 사람은 진정으로 행복한 사람이라는 것입니다.

아우구스티누스는 사람의 마음을 끈질기게 탐구하고 모색하여 마침내 후세의 심리학에서 '무의식' 이라 부르는, 우리의 내면에 감추어진 영역을 최초로 발견하게 됩니다. 그는 우리의 정신은 자신이 스스로 알고 있는 것보다 더 많은 것을 이해한다고 말합니다. 그래서 아우구스티누스는 자신보다 앞서 활동한 인도 사람들이나 자신보다 1,200년 후에 나타난 데카르트(프랑스 철학자)처럼 확고한 토대를 자신의 내면에서 발견하게 됩니다. 내가 모든 것을 의심할 수 있다 해도, 내가 의심하고 있다는 그 사실만은 의심할 수 없는 진리라는 것입니다. 즉, 나는 생각하는 존재이기 때문에 내가 생각하고 있다는 사실을 의심할 수 없다는 것이지요. 그래서 데카르트와 마찬가지로 아우구스티누스에게도 자신이 생각한다는 '자기 확실성'은 더 이상 의심할 수 없는 철학의 출발점이 됩니다.

자신의 확실성에서 출발한 아우구스티누스는 하나님 안에서 진리와 빛을 발견합니다. 하나님은 우리에게 알려질 수도 없고 파악될 수도 없으며, 그 앞에서 우리의 모든 사고와 생각의 능력은 힘을 잃어버릴 만큼 위대한 존재입니다. 왜냐하면 하나님은 양으로 측정할 수 없을 정도로 크며, 그 질은 잴 수 없을 만큼 선하며, 공간이 없이도 우리 앞에 나타나며, 또한 시간을 떠나 영원하기 때문입니다. 하나님은 자신이 우리에게 주는 언어를 통해서만 우리에게 자신을 '보여 주신다'고 합니다.

아우구스티누스는 하나님은 성부와 성자와 성령이라는 세 가지 모습으로 활동하신다고 합니다. 이 이론을 '삼위일체설'이라고 합니다. 성부는 세상을 창조하였고, 성자는 신의 모습을 사람들에게 구체적으로 나타내 보였으며, 성령은 신이 사람들에게 자신의 생각을 전합니다. 이 셋은 다른 것 같지만 사실은 같은 하나의 신으로서 그가 하는 일에 따라서 나누어 본 것입니다. 이와 같이 아우구스티누스는 사람들이 이해하기 힘든 교리를 이해시키기 위해서 사람의 영혼과의 유추(비교 대상이 서로 비슷한 점을 찾아서 비슷한 결론을 이끄는 간접 추리 방법)를 이용합니다. 사람은 각기 존재하고, 각기 존재하면서 또 서로 차이가 있고, 그리고 서로 관계를 맺으면서 사는 것이지요. 이런 방식으로 사람을 이해할 수 있는 것처럼, 신도 세상을 창조한 성부와 그의 아들로서 세상을 구하기 위해서 구체적으로 나타난 성자와 그리고 신의 뜻을 사람들에게 전하는 성령의 역할로 나누어 이해할 수 있습니다. 삼위일체는 신이 가진 세 가지 비밀스러운 모습을 보여 주는 상징이 됩니다. 사람들은 이 상징을 통해서 신을 더 가까이 이해할 수 있게 됩니다.

아우구스티누스는 사람이 사는 역사는 신의 왕국과 악마의 왕국이 서로 싸우는 무시무시한 싸움터라고 생각합니다. 나쁜 천사가 타락하여 이 땅에서 살면서부터 사람들은 죄를 짓고 나쁜 일을 하게 되었습니다. 그러나 사람을 창조한 신은 이러한 사람들을 불쌍하게 생각해서 신의 아들인 성자 크리스트를 이 땅에 보냅니다. 그래서 악한 자들을 심판하게 하고 마지막에는 신의 왕국을 이루게 합니다(종말론). 그리고 이 모든 것은 사람의 뜻에 따라서 이루어지는 것이 아니라 신의 뜻이 만드는 사건들입니다(예정설).

아우구스티누스는 하나님 나라에 대립하는 지상의 나라에 대해 말합니다. 지상의 나라는 저주받은 자들이 고통스럽게 살고, 동시에 멸망하도록 결정되어 있는 잠정적인 나라입니다. '교회'도 하나님의 나라라고 할 수 없습니다. 교회는 아직도 의로운 자와 불의한 자를 포함하고 있기 때문입니다. 그러나 교회는 하나님 나라에 대한 불완전한 모방으로 하나님 나라를 준비하고 있습니다. 교회는 하나님의 의지에 따라 부름을 받은 성스러운 자들이 모이는 크리스트의 공동체입니다. 그러므로 교회를 떠나서는 그 어디에도 구원이 있을 수 없다고 합니다. 그래서 우리는 아우구스티누스를 교회를 위한 참된 아버지, '교부(教父)'라고 부릅니다.

 아우구스티누스가 죽은 이후 게르만 민족은 서로마를 함락하고 이어 이탈리아, 갈리아(지금의 프랑스 지방), 스페인 그리고 북아프리카를 점령했습니다. 500년 경 로마 제국의 중요한 나라들이 모두 게르만 민족의 손 아래 떨어졌습니다. 그러나 교회는 이러한 혼란의 시기에도 자신을 더욱 강화시켜 나갔고, 특히 열정적인 교황들, 레오 1세와 조지 1세에 의해 겉으로 확고한 위치를 다져 나갔으며, 안으로는 동방에서 출발한 수도원에 의해 내공을 쌓아 갔습니다. 529년 베네딕트에 의해 몬테카시노 수도원이 세워지면서 수도원 열풍은 전 기독교 세계로 퍼져 나가게 되었습니다. 아우구스티누스의 사상으로 무장한 기독교가 지배하는 중세가 시작된 것이지요.

 이 책에서는 우리 곁의 어디서나 신의 사랑이 있고 믿음만 있다면 신을 느낄 수 있다고 말합니다. 여러분들도 신의 사랑을 느낄 수 있나요? 이 책을 읽고 나면 아마 여러분 곁에서 흐뭇하게 미소 짓는 신의 사랑을 느낄 수 있을 거예요. 그럼 이제 다 함께 첫 장을 열어 볼까요?

  사랑이란 무엇일까? 어린이들이 추상적인 물음을 갖기 시작할 때 한번
쯤 생각해 보았을 질문입니다. 그런데 사랑은 추상적이면서 또한 일상적
인 것입니다. 그래서 사랑은 철학의 중요한 주제가 되는 것입니다. 우리
는 어떤 계기로 사랑에 대하여 질문하게 될까요? 사랑에 대하여 진지하
게 물을 때는 행복하고 안락해서가 아닙니다. 항상 우리 곁에 충만한 산
소도 그것이 부족한 곳에서야 비로소 그 귀함을 깨닫는 것처럼 사랑은 그
것을 간절히 희망할 수밖에 없는 곳에서 그 존재와 가치를 내뿜게 됩니
다. 외롭고 고통스러워서 슬픔과 죽음을 떠올릴 때 우리는 묻게 됩니다.
사랑은 무엇일까?
  신의 사랑을 철학적으로 성찰한 아우구스티누스도 사실은 누구보다 고
통과 번민의 시간을 보냈던 사람입니다. 이 글에 등장하는 초등학생 재희
역시 그런 면에서 아우구스티누스와 비슷합니다. 친구 관계로 고민하고
가족들 사이에서 일어날 수 있는 크고 작은 여러 가지 갈등을 경험하면서
재희 역시 사랑에 대하여 묻게 됩니다. 그리고 동생 승희의 불행한 사고
를 지켜보며 사랑에 대하여 더 깊은 의문을 갖게 됩니다. 괴로움이 길어
지고 깊어지는 만큼 사랑에 대한 깨달음은 넓고 진하게 다가옵니다.
  이 책은 철학자 아우구스티누스의 신의 사랑을 어린이들에게 소개하는

것입니다. 하지만 사랑에 대한 저자의 성찰은 소개하려는 철학자만큼이나 그 깊이가 철학적입니다. 철학은 '개념 비판'이란 말이 있습니다. 추상적이고 흩어진 내용들을 하나의 보편적 의미로 낚아채어 사람들 앞에 제시하는 철학의 임무를 가리키는 말입니다. 이 일은 어려운 것, 잘 안 잡히는 것을 보다 쉽게 정리하려는 시도입니다만 그렇게 해서 만들어진 개념을 다시 이해하기란 쉬운 일이 아닌 듯 싶습니다. 그래서 선생님이 필요한 것이고 경우에 따라서 적절한 예화나 비유가 필요한 것입니다. 그런데 이런 방법은 오히려 정리된 본래 개념을 더 혼란스럽게 하거나 애매하게 만드는 경우가 있습니다. 철학을 쉽게 소개하려는 시도들이 자칫 이런 문제에 빠지게 되는 경우가 많습니다.

이 책은 아우구스티누스의 철학을 소개할 때 이런 문제를 일으키지 않습니다. 왜냐하면 이 책은 아우구스티누스의 철학적 개념을 이해시키려는 의도보다는 사랑에 대한 깊은 성찰로 독자들을 이끌려 하기 때문입니다. 아우구스티누스와 재희네 가족은 똑같이 이러한 성찰의 좋은 모델인 것입니다.

어린이들의 추상적 사고를 키우는 데는 추상적 개념을 쉽게 소개하기보다는 구체적인 상황 속에서 스스로 추상적 대상을 성찰할 수 있게 하는 것이 좋은 방법일 것입니다. 따라서 이 책은 어린이들의 추상적 사고 훈련에도 좋은 책이 될 수 있을 것입니다.

백석대학교 기독교 철학 교수 최한빈

학생들의 논술이 교육계의 중요한 관심사가 되면서 논리적 사고 또는 철학적 사고를 돕기 위한 좋은 책들이 많이 출판되고 있습니다. 이 책은 이러한 흐름 속에서 철학자이며 신학자인 아우구스티누스의 사상을 이야기 형식으로 풀어쓰고 있다는 점에서 매우 독특한 면을 가지고 있습니다.

주인공 재희가 동생과의 사랑, 부모와의 사랑 그리고 친구들과의 사랑을 깨우쳐 가면서 결국 신에 대한 사랑에까지 나아가는 길을 이야기 형식으로 들려 주고 있어서 한 번 읽기 시작하면 끝까지 읽게 되는 아주 재미있는 책입니다. 내용이 너무 어려워서 도중에 포기하게 되는 책들과 매우 다른 것 같습니다.

또한 이 책이 가지고 있는 유익한 점은 초등학생의 철학적 사고의 싹들이 시들지 않고 튼실하게 자라게 하는 데 일조를 하고 있습니다. 6학년 재희의 일상에서 일어나는 사소한(?) 일들 속에 내재되어 있는 철학적 문제들과 아우구스티누스의 주요 철학적 과제들을 연결시켜 초등학생들이 자신의 경험 속에서 철학적 문제를 생각해 볼 수 있는 기회를 제공했을 뿐만 아니라 아우구스티누스라는 인류의 위대한 스승을 통해 성장기의 고민들을 해결해 나가는 모습을 보여 주고 있습니다.

이 책은 사랑, 특히 아우구스티누스의 절대적이고 순수한 사랑을 초등학생인 재희가 어떻게 이해하여 그의 삶에 적용시켜 자신의 문제를 해결하고 성장해 나가는지의 과정도 잘 보여 주고 있습니다.

　교육 현장에서 일하면서 좋고 유익한 많은 이론들이 학생들의 수준에서 잘 소화되지 않는 경우를 만나면 매우 안타깝습니다. 그런데 이 책은 그러한 우려를 말끔히 씻어 주고 있습니다. 그것이 이 책의 매력이 되는 것 같습니다. 무엇보다도 이 책의 가장 큰 매력은 어른들조차 너무나 엄숙하고 경건하여 접근하기 어려운 아우구스티누스의 어려운 신학적 사상들, 예를 들면 삼위일체설, 구원론, 원죄론 등을 초등학생의 시각에서 그들이 경험하는 일상적인 일들에 접목시켜 쉽고 흥미롭게 풀어 나갔다는 점입니다. 그래서 이 책은 초등학생만을 위한 것이 아니라 중학생들의 관심을 불러일으키기에도 충분하다는 생각이 듭니다.

　이러한 이유에서 자신의 생각을 키워 나가고 있는 많은 학생들에게 이 책을 적극 추천하고 싶습니다.

서울 중평중학교 교감 김재옥

C O N T E N T S

1

긴 하루

 선한 의지는 신의 역사하심을 입은 것이며, 악한 의지는 신의 역사하심
을 잃은 것이다.

                                                              ─아우구스티누스

1 가슴이 답답해

6학년이 되면서 재희는 비밀이 하나 생겼습니다. 아무에게도 말하지 못하고 엄마가 꾹꾹 눌러 담아 주는 밥처럼 가슴속에만 꾹꾹 눌러 담아 놓아서 가슴이 답답합니다. 자도 자는 것 같지 않고 먹어도 먹은 것 같지 않습니다. 심지어는 그렇게 좋아하는 '조개로 시원한 맛을 낸 미역국'이 있어도, 엄마의 자랑거리인 '달콤 매콤한 닭볶음탕'이 눈앞에서 모락모락 맛있는 냄새를 뿜어내도 영 입맛이 돌지 않습니다.

큰 병에라도 걸린 걸까요? 어쩌면 이렇게 가슴이 답답한지 커다란 바위가 하나 들어와 앉은 것 같습니다. 아니, 바위로는 부족합니다. 세상에서 가장 높다는 에베레스트 산을 누가 가슴속으로 옮겨 놓은 것 같습니다. 그렇지 않고서야 매일매일 가슴이 꽉 막히고 짓눌리는 듯한 압박감을 느낄 리가 있겠어요? 땅이 꺼져라 한숨만 내쉴 뿐입니다.

재희의 변화를 가장 먼저 눈치 챈 사람은 엄마입니다. 미역국만 있어도 한 그릇 뚝딱, 닭볶음탕이 있으면 두 그릇도 뚝딱 해치우던 재희가 아닙니까. 그런데 요 며칠은 밥이 코로 들어가는지 귀로 들어가는지도 모르게 깨작깨작거리며 먹는 둥 마는 둥 하거든요. 재희의 표현대로라면 엄마가 해 주는 '엄청나게 맛있는' 음식인데 말입니다. 오늘 아침의 일입니다.

"재희야, 무슨 일 있어?"

"……."

며칠 재희를 살펴보기만 했던 엄마가 큰맘 먹고 조심스레 물어봅니다. 대답이 없습니다.

"재희야, 무슨 일 있어?"

"……."

누가 말하기만 하면 따라하는 세 살배기 승희가 밥 먹다 말고 물어봅니다. 역시 아무 말도 없습니다.

"어라? 재희야, 너 좀 이상하다. 학교에서 무슨 일 있어?"

이번에는 아빠가 물어봅니다. 그제야 재희는 오히려 무슨 일이냐는 얼굴로 멀뚱히 식구들을 바라봅니다.

"어? 뭐?"

"요즘 밥도 잘 안 먹고 이상하니까 그렇지."

"엄마는 참, 밥 잘 먹고 있는데 뭐가 이상하다고 그래."

엄마는 더 이상 아무 말도 안 하고 아빠와 눈짓으로 신호를 주고받습니다. 동네 아줌마들의 이야기에 의하면 5학년, 6학년이 되면 아이가 다른 사람처럼 변하기 시작해서 '정말 이 애가 우리 애 맞나?' 싶다더니 재희에게도 드디어 그 '질풍노도의 시기'가 시작되는 것일까요? 지금까지 아무 일도 없었지만 엄마는 아들에게 닥쳐올 '그날'을 대비하느라 마음 졸이며 하루를 보냅니다. 이유 없는 반항이 시작되는 '사춘기'라는 그날을요.

"엄마, 속으로 이상한 생각하지?"

"으응? 뭐……뭐가?"

"드디어 애가 사춘기가 시작된 건가' 뭐 이런 생각하는 거 다 알아."

"네가 그걸 어떻게 알아?"

"엄마 얼굴은 평면 텔레비전인걸. 도대체 생각을 숨길 줄 알아야지. 나 학교 간다."

엄마는 재희에게 한 방 맞았다는 표정입니다. 아빠는 터져 나오는 웃음을 참느라 고개를 숙이고 괜히 승희에게 반찬을 집어 주며 밥 잘 먹어서 착하다고 합니다. 승희는 아빠의 칭찬 덕분에 더 열심히 밥을 먹습니다. 입을 꼭 다물고 오물오물 꼭꼭 씹어 먹습니다. 아빠 얼굴을 보며 고개까지 끄덕이며 보란 듯 열심히 먹습니다.

"아들한테 한 방 먹은 기분이 어때?"

"아이고, 이제 시작이지 뭐. 윗집 엄마 얘기론 진짜 장난 아니래."

"윗집 애는 고등학생 아냐?"

"사춘기가 4학년 때부터 왔는데 지금까지 진행 중이래."

"뭐? 아니, 뭔 놈의 사춘기가 그렇게 길어?"

"일찍 오고 늦게까지 가니까 더 힘들대. 아침마다 전쟁이라는 걸 뭐."

"왜?"

"거울 앞에 딱 달라붙어서 안 떨어진대. 멋 내느라고. 번번이 지각해서 혼나면서도 말야. 오죽하면 담임이 전화해서 지각 좀 안 하게 일찍 보내라고 했대."

"교복 입는데 무슨 멋을 내?"

"머리는 장식인감. 젤 바르고 드라이하는데 한 시간이래, 한 시간."

"거 참. 요즘 것들은…… 설마 우리 재희도 그럴까?"

"모르지. 완전 딴 애가 된다는데. '누구세요?'라는 소리가 절로 나올 정도라니까. 겪어 보기 전에는 상상조차 할 수 없대. 하루에 열두 번도 더 좌절감에 빠진다는걸."

엄마와 아빠는 잠시 생각에 잠깁니다. 승희는 아빠 얼굴을 보며 여전히 밥을 열심히 먹고 있습니다. 아빠는 승희를 보며 웃습니다. 승희도 웃습니다. 칭찬받아서 너무 좋다는 얼굴입니다.

학교에 가는 재희의 발걸음이 무겁습니다. 발걸음이 절로 느려집니다. 될 수 있으면 아주 느리게, 안 갈 수만 있다면 안 가고 싶습니다. 아닙니다. 다시 발걸음이 빨라집니다. 날아서 단숨에 학교에 가고 싶어집니다. 정말 어느 쪽인지 도통 모르겠습니다. 가고 싶기도 하고 안 가고 싶기도 합니다. 재희는 달렸다가 멈추었다가 휴, 하고 한숨을 내쉽니다.

'엄마가 혹시 눈치 챈 건 아닐까? 아니 그럴 리 없어. 아무에게도 말하지 않았는 걸. 엄마가 알게 되면…… 차라리 말해 버릴까? 아냐, 절대 말 못해.'

또 가슴이 답답해집니다. 재희는 어디 가서 '답답해! 답답해!' 크게 한 번 소리 지르고 싶습니다. 이러다가는 조만간 폭탄 맞은 것처럼 가슴이 펑, 하고 터져 버릴 것 같습니다.

"그래서 대나무 밭이 필요했던 거구나."

재희는 자기도 모르게 고개를 끄덕이며 중얼거립니다. 재희랑 승희가 잠들기 전까지 엄마는 재미있는 이야기를 들려줍니다. 동화책을 읽어 줄 때도 있고 즉석에서 지어낼 때도 있습니다. 어린 승희에게 수준을 맞춰 주느라 유치한 이야기도 있고 재희는 몇 번이나 들었던 이야기도 있지만 재희는 엄마가 들려주는 이야기를 좋아합니다. 엄마의 목소리에는 부드러운 손이 달려 있기라도 한 듯 언제나 재희를 편한 잠 속으로 이끌어 주거든요.

일찍 들어오는 날에는 아빠가 대신해 주기도 합니다. 하지만 아빠는 인물을 실감나게 표현하지 못해서 엄마가 들려주는 게 훨씬 재미있습니다. 물론 아빠에겐 비밀이지만요.

어렸을 때부터 들었던 이야기 중에 '임금님 귀는 당나귀 귀'라는 이야기가 있습니다. 임금님의 이발사가 임금님 귀는 당나귀 귀라는 비밀을 말하지 못해 병이 났는데, 대나무 밭에 가서 대나무 구멍에 대고 소리를 질렀더니 병이 나았다는 이야기입니다. 그런데 결말이 어떻게 됐더라?

이상합니다. 수없이 많이 들었던 이야기인데 갑자기 끝이 생각나지 않습니다. 정말 내가 어떻게 된 걸까? 재희는 고개를 절레절레 흔듭니다. 엄마에게 물어봐야겠다고 생각하면서도 6학년이나되어서 아직도 옛날이야기를 좋아한다는 사실이 좀 창피하기도합니다. 나중에 집에 가서 동화책을 찾아봐야겠다고 생각합니다. 또 한숨이 나옵니다. 머릿속이 뒤죽박죽입니다.

학교 가는 길이 오늘따라 왜 이리 가까운지 벌써 교문이 보입니다. 지각하는 날은 숨이 턱까지 차오르도록 뛰고 또 뛰어도 멀게만 느껴졌던 교문이었는데 오늘은 왠지 이상합니다. 교실에 들어가려니 심장이 쿵쾅쿵쾅 엄청난 펌프질을 시작합니다.

'이게 미쳤나?'

재희는 가슴에 손을 얹고 심호흡을 합니다. 또 가슴이 답답합니다. 심장병에라도 걸린 걸까요?

'이러다가 죽는 게 아닐까?'

재희는 힘없이 책상 자리에 앉습니다. 짝꿍은 아직 오지 않았습니다. 비어 있는 옆자리를 보니 괜히 초조합니다. 짜증이 납니다. 창가로 다가가 고개를 빼고 운동장을 바라봅니다. 운동장을 가로

질러 메뚜기 떼처럼 와르르 몰려오는 아이들이 보입니다. 눈을 크게 뜨고 살펴봅니다. 짝꿍의 모습은 보이지 않습니다. 다시 자리로 돌아옵니다. 조금 있으면 종이 칠 시간인데 재희는 아직도 오지 않은 짝꿍이 걱정입니다.

'굼벵이같이…… 벌 받으면 어쩌려고…… 지금까지 안 오고 뭐하는 거야?'

그때입니다. 누군가 등을 툭 칩니다. 돌아보니 환한 얼굴이 웃고 있습니다. 겨우 진정했던 심장이 다시 방망이질을 시작합니다. 어찌나 세게 뛰는지 가슴 주변의 살가죽이 다 아플 지경입니다.

"안녕? 일찍 왔네?"

짝꿍이 말합니다. 심장이 멎을 것 같습니다. 눈앞이 까맸다 하얘집니다.

"네가 늦게 온 거야."

아, 이놈의 방정맞은 입이란! 생각과는 다르게 너무 다르게 멋대로 말이 튀어 나갑니다.

"헤헤헤. 내가 좀……."

"웃지 마. 굼벵이."

짝꿍의 얼굴에서 햇빛이 구름에 가리듯 순식간에 웃음이 사라집니다. 비 오기 전의 하늘처럼 어두운 얼굴입니다. 아이들은 시끄럽게 떠드느라 아무도 듣지 못한 것 같습니다. 재희는 갑자기 기분이 나빠집니다. 미안하기도 하고 화가 나기도 하고 슬프기도 하고 짜증이 나기도 합니다. 울고 싶은 건 자신인데 왜 짝꿍이 울 것 같은 얼굴을 하는 걸까요. 종이 울립니다. 하늘에서 들리는 구원의 소리처럼 교실 안에 종소리가 울려 퍼집니다. 종소리와 함께 심장 소리도 자꾸만 자꾸만 커집니다.

2 좋아하지 않아

재희는 수업 시간 내내 짝꿍하고는 한마디 말도 하지 않았습니다. 가끔씩 힐끗 바라보기는 했지만, 미안하다고 사과해야 한다고 생각은 했지만, 용기가 나지 않습니다.

'이게 다 심장 때문이야. 아무 때나 펄떡펄떡 뛰어 대니 진정할 수가 있어야지.'

재희는 애꿎은 심장 탓을 해 봅니다. 병원에 가 봐야 되나 심각하게 고민합니다. 엄마가 얼마나 놀랄까, 생각만 해도 걱정입니다. 언제부터 가슴이 답답했는지 곰곰이 생각해 봅니다. 6학년이 되어서 짝꿍이 바뀐 다음부터 생긴 것 같습니다. 사실 재희는 자신이 왜 그러는지 알고 있습니다. 바보가 아닌 다음에야 모를 리가 있겠어요.

재희는 짝꿍인 예빈이가 좋습니다. 그런데 알 수 없는 건 5학년 때도 같은 반이었는데 그때는 아무렇지도 않다가 6학년이 되어서 갑자기 좋아졌다는 겁니다.

그것은 어느 날 갑자기 찾아왔습니다. 예빈이가 급식 당번일 때 재희에게 국을 퍼 주면서 "미역국 좋아하지? 많이 먹어"라고 단 한마디했을 뿐인데 바로 필이 꽂혀 버린 겁니다. 그날따라 재희가 좋아하는 미역국이어서 그랬던 걸까요? 국물이 흐를까 봐 조심스럽게 국자로 퍼 주며 수줍게 웃던 예빈이가 너무 예뻐 보였습니다.

'번개처럼 찾아왔다?'

재희는 고개를 흔듭니다.

'너무 흔한 표현이잖아. 뭔가 특별해야 해.'

이마에 주름을 잡고 심각하게 고민합니다.

"……."

고민해 봤자 별 뾰족한 표현이 떠오르는 것도 아닙니다. 더 인상을 씁니다. 이마가 완전히 구겨집니다. 조폭 영화에 나오는 중간보스 정도는 되는 표정입니다.

짝꿍이 이쪽을 바라보는 것 같습니다. 얼떨결에 같이 바라봅니다. 눈이 마주쳤습니다. 동그란 까만 눈동자가 갑자기 커지는가싶더니 황급히 고개를 숙입니다. 아차, 인상을 팍! 쓰고 있는 그대로입니다. 급히 이마를 폈지만 이미 늦었습니다. 짝꿍은 눈을마주치기는커녕 고개도 들지 않습니다. 후회해도 소용없습니다.오늘은 아무래도 틀린 것 같습니다. 재희는 자신의 이마를 벽에라도 찧고 싶은 심정입니다.

이런 재희의 마음을 아는지 모르는지 수업이 끝나는 종소리만우렁차게 울립니다. 재희의 답답한 마음을 놀리는 듯 밝고 경쾌한종소리입니다.

쉬는 시간에 교실 구석에 남자 아이들이 모여 있습니다. 여자아이들은 여자 아이들끼리 모여서 뭐가 그렇게 재미있는지 까르르 웃어 댑니다. 여자 아이들은 둘만 모여도 시끄럽습니다. 하긴여자 아이들은 남자 아이들이 더 시끄럽다고 하지만요.

"야, 너네 싸웠냐?"

"응? 누구랑?"

"네 짝이랑. 분위기 좋던데……."

여우처럼 깐죽거리는 놈은 한결입니다. 이름은 멋있지만 성격은 그렇지 않습니다. 지기 싫어하는 데다가 워낙 여기저기 끼어들기를 좋아해서 한패처럼 몰려다니지만 썩 친한 친구는 아닙니다.

"재희가 예빈이랑 왜 싸우냐?"

금방 동우가 편을 들어줍니다. 동우는 재희의 가장 친한 친구입니다. 4학년 때부터 계속 같은 반인데다가 같은 동네에 살고 있습니다.

"너 예빈이 좋아하지?"

한결이는 물러서지 않고 재희의 코앞에 대고 말합니다. 갑자기 심장이 덜컹 내려앉았습니다. 재희는 애써 무표정한 얼굴을 짓습니다. 한결이한테 사실대로 말하느니 차라리 내 입을 찢어 버리겠다고 결심합니다.

"뭐? 너 말 다했어?"

"왜 화를 내고 그러냐? 더 수상하잖아. 좋아하면 어때서."

"뭐야, 뭐야. 재희가 누구 좋아해?"

갑자기 반 아이들이 몰려듭니다. 여자 아이들도 이쪽을 보는 것 같습니다. 남자 아이들은 이야기에 열을 올리기 시작합니다.

"재희는 인기 많지? 이번에 발렌타인 데이 때도 초콜릿 많이 받았잖아."

"야, 저번에 5학년 여자 아이한테 고백도 받았다며?"

재희는 예빈이가 들을까 봐 조마조마해집니다. 남의 속도 모르는 한결이가 얄밉습니다.

"근데 예빈이 예쁘지 않냐?"

"야야, 예쁘면 뭐해. 여자는 다 똑같아. 여자라면 신물이 난다. 너도 누나들하고 살아 봐라."

"어? 한결이 누나 있어?"

"그래. 자그마치 셋이다 셋. 얼마나 폭군들이라고."

한결이는 갑자기 목소리를 낮춥니다.

"예빈이도 집에 가면 마찬가지일 걸. 너네 모르지? 여자들이 얼마나……."

"그만해."

재희는 자신도 모르게 목소리가 커졌습니다. 한결이가 예빈이 이야기를 하는 게 싫습니다.

"어쭈, 너 편드는 거냐? 너 예빈이 좋아하는 거 맞지?"

"누가 좋아한다고 그래."

"에이. 맞잖아. 솔직히 고백해. 예빈이 좋아하지?"

재희의 머리가 알코올램프처럼 부글부글 끓어올라 터지기 일보 직전입니다. 목이 메고 가슴엔 뜨거운 미역국이 꽉 찬 듯 미끄덩거립니다. 금방이라도 심장이 팡팡팡! 로켓포처럼 튀어 오를 것 같습니다. 이 자식이 정말 점점 더! 한 마디만 더 해 봐라!

"그치? 좋아하지? 예빈이 좋아하지?"

"안 좋아한다니까! 누가 예빈이 같은 호박을 좋아하냐?"

재희는 정신없이 소리칩니다. 일시에 교실이 푸른 대나무 숲으로 변합니다. 어디선가 쏴 - 쏴 - 대숲을 지나는 바람 소리도 들립니다. 아아, 속이 후련합니다. 할 말을 다한 것 같습니다. 그런데 이게 무슨 일일까요? 주변이 너무 조용합니다. 아이들이 모두 정지 상태입니다.

재희는 자신도 모르게 자동인형처럼 예빈이 쪽을 바라봅니다. 예빈이가 입술을 꼭 다물고 재희를 노려봅니다. 얼음보다 차가운 얼굴이 재희 앞으로 다가옵니다.

"나도 너 싫어! 바보야!"

교실 문이 쾅 닫히고 대나무 숲은 갑자기 암흑의 무덤으로 바뀝니

다. 악마처럼 한결이가 히쭉히쭉 웃고 있습니다. 저 멀리 아득한 곳
에서 종소리가 울립니다. 융단폭격이라도 퍼붓는 듯 재희의 머리
위로 인정사정없이 떨어집니다. 지옥에서 막 올라온 악마가 배를
잡으며 토해 내는 웃음소리처럼 음산하고 무거운 종소리입니다.

3 혼자 있고 싶어

재희는 힘없이 집으로 돌아옵니다. 그렇게 좋아하는 축구도 하지 않고 눈앞이 노래져서 돌아옵니다. 오늘 재희는 세상의 빛깔이 그토록 다양한지 처음 알았습니다. 까맣기도 하고 하얗기도 하고 푸르기도 했다가 금방 순식간에 참외처럼 노래지는 세상입니다.

엄마는 고구마 튀김을 하고 있습니다. 미역국과 닭볶음탕 다음으로 재희가 좋아하는 게 고구마 튀김입니다. 하지만 좋아하는 간식을 앞에 두고도 만사가 다 귀찮습니다. 좋아하는 여자 애한테 바보라는 소리를 들어 버린, '진짜 바보'인 걸요.

　승희는 양손에 고구마 튀김을 들고 먹느라고 정신이 없습니다. 세 살짜리 승희에게도 고민이라는 게 있을까요. 웃는 게 이뻐, 라고 칭찬해 주면 하루 종일 웃고, 잘 먹어서 착해, 라고 칭찬해 주면 하루 종일 먹는 승희를 물끄러미 바라봅니다. 엄마 아빠가 늦둥이로 낳아서 재희와는 열 살이나 차이 나는 남동생입니다.

　"재희 왔니? 얼른 손 씻고 고구마 튀김 먹어. 되게 맛있다."

　엄마는 튀김을 하느라 바쁜지 부엌에서 목소리만 들립니다. 승희의 손에서 고구마 튀김 하나가 미끄러집니다.

　"우승희, 흘리지 마."

　"우재희, 흘리지 마."

　"내가 언제 흘렸어. 네가 흘렸지."

　"내가 언제 흘렸어. 네가 흘렸지."

　재희는 자기 말을 따라 하는 승희가 오늘 따라 너무 얄밉습니다. 그래서 승희의 손에서 고구마 튀김을 확 빼앗습니다. 금방 승희의 얼굴이 찌그러진 양은 냄비처럼 변합니다. 울음이 터집니다. 엄마가 막 튀겨 낸 고구마를 접시에 가득 담아 옵니다.

　"승희야, 잘 먹다가 왜 울고 그래. 여기 더 있어."

엄마는 승희가 우는 이유를 아는 듯 모르는 듯 냄새가 모락모락 피어오르는 바삭바삭한 맛있는 고구마 튀김을 내려놓습니다. 승희는 얼른 하나를 집다가 뜨거워서 떨어뜨립니다. 아차, 승희에게 뺏은 고구마 튀김을 먹으려던 재희도 떨어뜨립니다.

"우재희, 흘리지 마."

때를 놓치지 않고 승희가 말합니다.

"재희야, 너까지 흘리면 어떻게 하니?"

"엄마, 승희 좀 혼내 줘. 자꾸 내 말 따라 해. 너무 열 받아."

"승희는 아기잖아. 형인 네가 참아야지. 그리고 말이 그게 뭐야? 이상한 말 쓰지 말랬지?"

재희는 고구마 튀김이 먹기 싫어집니다. 승희도 보기 싫어집니다. 엄마도 보기 싫어집니다. 그래도 떨어뜨린 걸 억지로 다 먹고 슬그머니 일어나 방 안으로 들어갑니다. 체한 것처럼 속이 울렁거립니다. 아무도 자신의 마음을 알아주지 않습니다. 집에 혼자 있는 것도 아닌데 외롭습니다. 차라리 아무도 없는 무인도에 가서 혼자 있고 싶습니다. 아직도 해가 지지 않았다니, 아직도 캄캄해지지 않았다니, 아직도 오늘이 끝나지 않았다니, 너무 긴 하루입니다.

한밤중에 재희는 토했습니다. 엄마와 아빠는 재희의 등을 번갈아 두들겨 주며 걱정합니다.

"고구마 튀김 때문인가? 승희는 괜찮았는데……."

재희는 괜히 서럽습니다. 아무 것도 모르는 엄마가 야속합니다.

'고구마 튀김 때문이 아니야. 승희 때문이야. 아니야, 한결이 때문이야. 아니야, 예빈이 때문이야. 아니야, 바보 같은 나 때문이야.'

억울하고 분하고 한심해서 눈물이 다 납니다. 엄마는 재희가 잠들 때까지 토닥토닥 등을 두드려 줍니다. 승희는 대자로 뻗은 채 이불을 다 걷어차고 쿨쿨 자고 있습니다. 재희는 엄마 몰래 승희를 벽 쪽으로 슥 밀어 버립니다. 그래도 승희는 꿈에서 잘 웃어서 예쁘다고 칭찬을 받았는지 하하하하 웃더니 쿨쿨 잘도 잡니다.

"엄마, 나 이야기해 줘."

재희는 어리광을 피워 봅니다. 오늘 하룻밤쯤 승희가 없다고 생각하고 엄마를 독차지할 생각입니다. 엄마는 재희를 꼭 안아 줍니다. 재희도 엄마를 꼭 안아 줍니다.

"우리 아들, 무슨 얘기를 해 줄까?"

"아무 거나. 아, 임금님 귀는 당나귀 귀 있잖아, 그거 끝이 어떻게 끝났지?"

"음…… 이발사 때문에 임금님 귀는 당나귀 귀라는 걸 모두 알아 버렸지."

"그럼 이발사는 비밀을 지키지 못했으니까 벌 받았어?"

"아니. 임금님은 자신의 귀를 드러내 놓았고 이발사도 용서해 주셨지."

"와아, 정말? 어떻게 그럴 수가 있지?"

"사랑이 있으면 그럴 수 있지. 사랑은 힘이 세거든. 아마 세상에서 가장 힘이 센 게 사랑일걸? 그런데 아들, 너도 임금님 귀는 당나귀 귀야?"

"응?"

"엄마는 재희가 자꾸자꾸 커가는 게 왠지 대견하면서도 섭섭해. 앞으로는 엄마한테 말 못할 비밀도 생길 거고 혼자만의 시간을 가지려고 할 거잖아? 아직 엄마한테는 이렇게 아기인데 말야."

"치, 아기는 승희가 아기지."

"엄마 눈에는 재희도 아기인걸."

"내년이면 중학생인데 이렇게 큰 아기가 어디 있어?"

엄마는 대답 대신 재희를 꼭 안아 줍니다.

"엄마는 언제나 재희 편이니까 무슨 일이 있으면 얘기해 줘. 알았지?"

재희는 대답 대신 엄마를 꼭 안아 줍니다. 하지만 자신의 비밀을 아직은 말할 수 없습니다.

엄마가 안방으로 돌아간 후 재희는 가만히 자신의 손을 바라봅니다. 열 개의 가느다란 손가락이 대나무처럼 뻗어 있습니다. 손을 오므려 동그란 구멍을 만듭니다. 크게 심호흡을 합니다. 어둠 속에서 재희는 자신의 두 손에 입을 대고 가만히 말해 봅니다.

"승희야, 미안."

"예빈아, 미안."

마음이 편해집니다. 내일은 용기를 내어 예빈이에게 사과를 할 수 있을 것 같습니다. 엄마가 말한 사랑이 뭔지 아직은 잘 알 수 없지만 따뜻한 무언가가 심장에서부터 흘러나와 두 팔과 두 다리를 지나 손가락 끝까지 퍼져 오는 것 같습니다. 사랑은 따뜻한 기운 같은 것일까요? 승희가 꿈속에서 칭찬이라도 받는지 달팽이처럼 벽에 딱 달라붙은 채 하하하하 웃고 있습니다.

아우구스티누스는 언제 활동한 사람인가요?

아우구스티누스가 활동한 시기는 서양에서 중세가 시작하던 시기였습니다. 서양의 중세는 기독교가 온 유럽을 종처럼 덮고 있는 모습을 상상하면 쉽게 이해가 됩니다. 종은 기독교의 상징이었습니다. 모든 사람들이 기독교라는 하나의 종소리에 맞춰 생활했다고 할 수 있으니까요. 이러한 기독교가 지배하는 중세는 르네상스가 시작되는 시기까지 약 천 년 동안 지속됩니다.

중세가 무엇이며, 언제부터 언제까지를 중세라고 보느냐의 문제는 역사학자들에 따라 다릅니다. 일반적으로 이야기하면, 중세는 로마 제국이 붕괴되는 때부터 근대 민족국가가 이루어지는 시기까지 약 1,000년 동안의 시기를 말합니다. 어쨌든 중세의 시작을 대략 500년으로 본다면 아우구스티누스는 로마가 멸망하고 중세가 시작되는 시기(354년에 태어나 430년에 사망)에 활동하였습니다.

그렇다면 중세 천 년은 어땠을까요?

한마디로 중세는 사람들이 기독교를 중심으로 살았던 거대한 공동

체 생활이었다고 말할 수 있습니다. 온 유럽이 하나의 언어와 공통된 세계관을 가지고 살았던 것입니다. 기독교 안에서 생활 양식에서부터 느끼는 감정에 이르기까지 모두 같을 수밖에 없었던 것이죠. 이 시기에 사람들의 신앙과 문화를 하나로 묶어 공통된 삶을 살도록 한 것이 교회였습니다. 중세의 교회를 다스리는 사람들을 교부라고 합니다. 아우구스티누스는 교부의 한 사람으로서 교회를 튼튼하게 세운 중요한 인물입니다. 그는 중세의 기독교 기본 교리가 될 이론들을 체계적으로 구성한 사상가입니다.

보이는 것과 보이지 않는 것과 보고 싶은 것

 그대는 밖으로 나가려 하지 말고, 자신의 내면으로 되돌아가라. 진리는
인간의 내면에 깃들어 있는 것이다.

—아우구스티누스

1 보이는 것

재희는 학교를 하루 쉬기로 했습니다. 기운도 없고 열도 조금 있어서 엄마가 학교에 전화를 해 주었습니다. 승희는 놀이방에 갔는지 보이지 않습니다. 덕분에 재희는 늦게까지 실컷 잤습니다. 엄마가 야채 죽을 끓여 주었습니다. 아직 속이 메스껍고 입맛이 없어서 재희는 한 그릇도 다 못 먹었습니다. 엄마가 걱정스러운 듯 바라봅니다.

"먹고 싶은 거 있음 말해 봐. 아냐, 차라리 굶는 게 나으려나? 많이 아프면 병원 갈까?"

"한숨 더 자고 나면 괜찮을 것 같아. 엄마 나 계속 졸려."

"그래. 소화시켜야 하니까 잠깐만 앉아 있다가 또 자."

"승희는?"

"아침 해가 밝았는데 집에 있을 리가 있냐? 아까 놀러 나갔지."

승희는 눈 뜨기가 무섭게 밖으로 놀러 나갑니다. 나이가 어려서 유치원에는 가지 못하고 놀이방에 갑니다. 같은 동네에 사는 아주머니가 비슷한 또래 아이들을 모아 자유롭게 놀게 하는 놀이방입니다. 친구들과 노는 게 좋은지 승희는 아침에 눈을 뜨면 제일 먼저 놀이방에 갑니다. 일요일에도 놀이방에 가겠다고 떼를 쓴 적이 있습니다. 출근길에 아빠가 데려다 주는데 아빠가 조금이라도 늦을 것 같으면 넥타이를 매고 있는 아빠 옆에서 빨리 해, 빨리 해, 라고 성화가 이만저만이 아닙니다. 시어머니가 따로 없다니까, 라고 엄마도 웃을 정도입니다.

재희는 학교에 가지 않게 된 게 다행인지 불행인지 모르겠습니다. 오늘이 지나면 예빈이에게 사과할 용기가 없어지지나 않을지 걱정입니다. 어젯밤에는 할 수 있을 것 같았는데 막상 오늘 아침이 되자 그 마음이 좀 줄어든 것도 같습니다.

"엄마, 꼭 해야 할 일이 있는데…… 시간이 지나면 못하게 될 수도 있어?"

"음…… 그거야 상황에 따라 다르겠지."

"……."

"하지만 꼭 해야 할 일이라면 아무리 오랜 시간이 지나도 결국엔 하지 않을까?"

"용기가 없어져도?"

"시간이 지난다고 없어질 마음이라면 그건 진짜 용기가 아닐지도 모르지."

"진짜 용기를 잃지 않으려면 어떻게 해야 하는데?"

"사랑하는 마음을 오래 간직하면 돼."

"어떻게? 사랑은 보이지도 않는데?"

"보이지 않는다고 없는 건 아니잖아. 간절히 원하면 언젠가 보일 때가 있을 거야."

"정말?"

"마음으로 보면 사랑은 늘 보이는 거니까. 보이든 보이지 않든 사랑은 늘 존재하거든."

"나쁜 짓을 한 사람도 사랑을 볼 수 있어?"

엄마는 대답 대신 재희를 가만히 바라봅니다.

"재희야, 엄마가 옛날 얘기 하나 해 줄까?"

"응."

재희는 편하게 자리를 잡고 눕습니다. 엄마는 재희의 배를 문지르며 이야기를 시작합니다.

"옛날 옛날에 아우구스티누스라는 사람이 있었어."

"아우……스……?"

"아우구스티누스."

"이름 한번 되게 어렵네. 어디 사람인데?"

"로마 지배령이었던 타가스테 사람. 타가스테는 오늘날 알제리 영토에 있었으니까 아프리카 북쪽 끝에 있겠네."

"흐음…… 그래서?"

"아우구스티누스는 어릴 때 무지 나쁜 짓을 많이 했대. 공부도 안 하고 거짓말에다가 친구들이랑 몰려다니면서 도둑질까지 했으니까. 그래도 아우구스티누스의 엄마는 그를 버리지 않았어. 눈물로 매일 기도했지. 사랑은 그 사람이 나쁜 짓을 했다고 해서 함부로 버리는 게 아니거든. 사람이 나쁜 게 아니라 그 사람이 한 행동이 나쁜 거니까. 결국 그 사람은 나중에 신의 사랑 안에서 훌륭한 사람이 되었단다. 사랑이 얼마나 힘이 센지 알겠지? 한 사람을 변하게 할 정도니까."

아우구스티누스? 신의 사랑? 엄마는 수수께끼 같은 말을 합니다. 재희의 머리를 쓰다듬어 주곤 살짝 웃습니다. 이불을 잘 여며 주고 볼을 톡톡 쳐 주고 이마에 열이 있는지 만져 봅니다. 엄마 손은 약손, 엄마 손은 약손, 배도 살살 어루만집니다.

아우구스티누스에 대해 더 물어보고 싶지만 나른하고 따뜻한 잠이 강아지풀처럼 재희의 눈을 살살 간지럼을 태웁니다. 사랑은 이렇게 부드러운 것인지도 모른다고 잠에 빠져 들며 재희는 생각합니다. 잠든 재희의 입가가 봄날 아기 고양이 입처럼 살짝 웃고 있습니다.

오후가 되어 조금 기운을 차렸을 때 동우가 병문안을 왔습니다. 대문 밖에서부터 "재희야…… 재희야……." 불러 대서 동우 혼자 온 줄 알았는데 현관문을 열었다가 눈이 튀어나올 뻔했습니다. 화가 나서 다시는 자신과 말도 하지 않을 것 같았던 예빈이가 맛있는 딸기 크림 조각 케이크까지 들고 온 것입니다. 가슴이 콩닥거립니다. 안정을 찾은 줄 알았던 심장이 예빈이를 보자마자 오랜 가뭄 끝에 비를 만난 개구리 떼처럼 와글와글와글 시끄럽습니다.

"뭐야, 멀쩡하네."

방에 들어온 동우는 털썩 재희 옆에 앉습니다. 예빈이는 조금 떨어져 앉아 있습니다.

"솔직히 말해 봐. 너 오늘 산수 시험 보는 줄 알고 꾀병 부린 거지?"

"어? 오늘 시험 봤어?"

"그래. 대략 난감했다니까."

동우는 하루 종일 있었던 일을 쉬지 않고 떠들어 댑니다. 동우는 별 거 아닌 이야기도 재미있게 할 줄 아는 재주가 있습니다. 그래서 동우랑 함께 있으면 지루하지가 않습니다. 예빈이도 분명 같은 교실에 있었을 텐데 마치 처음 듣는 사람처럼 동우의 이야기에 열심히 귀를 기울이며 웃고 있습니다. 재희는 주변을 자연스럽게 만드는 동우가 조금 부럽습니다.

"갑이야! 나와서 이거 가져가."

엄마가 간식을 챙겨 주려나 봅니다. 동우는 재희 집에서 갑이로 통합니다. 4학년 때 아이들끼리 별명을 부르는 것이 유행한 적이 있는데 동우의 별명은 어찌 된 일인지 갑이가 되어 버렸습니다. 누군가 갑돌이라고 불러서 그랬던 것도 같고, 동갑이라고 부르다가 만갑이라고 부르다가 갑이가 된 것도 같고, 까분다고 까비라고

부르다가 가비가 되어서 갑이가 되었던 것도 같은데 기억이 가물
가물합니다.

　재희가 동우를 말할 땐 항상 갑이가 어쩌구 해서 엄마도 동우의
본명이 갑인 줄 알고 동우가 처음 놀러 왔을 때 "네가 갑이구나"
해서 모두 웃은 적이 있습니다. 재희의 별명은 재리였습니다. 승
희가 지금보다 어릴 땐 재리라는 발음이 재미있어서 그랬는지, 재
희라고 발음하기 힘들어서 그랬는지, 재리라고 부르는 걸 재희가
싫어하는 걸 눈치 채고 놀리려고 그랬는지 쩨리, 쩨리, 하고 불러
서 재희의 약을 바짝 올려놓곤 했습니다.

　동우가 나가자마자 붕 떠 있던 공기가 조금씩 조금씩 내려앉기
시작합니다. 이 공기가 방바닥에 철썩 달라붙어 떨어지지 않기 전
에, 조금이라도 가벼운 기운이 남아 있을 때 예빈이에게 말을 해
야 하는데 재희는 입이 떨어지지 않습니다. 그놈의 용기는 동우가
나갈 때 졸졸졸 따라 나갔나 봅니다.

"내일은…… 올 거야?"

　예빈이가 조그맣게 물어봅니다.

"으응…… 뭐. 좀 체한 거야."

"……."

"······."

동우는 엄마랑 무슨 얘기를 하는지 웃음소리가 끊이지 않습니다. 엄마는 인사성 좋고 붙임성 좋고 밝아서 좋다고 아직도 갑이라고 부르며 동우를 예뻐합니다.

"미안."

재희는 순간 잘못 들었나 생각했습니다. 어째서 예빈이가 미안하다고 하는 걸까요.

"바보라고 해서 미안해."

재희는 갑자기 용기가 납니다. 대나무 숲을 떠올립니다. 어젯밤에 수없이 연습한 대로 말해 봅니다.

"아냐, 내가 미안해. 한결이가 자꾸 놀려서······."

재희의 얼굴이 빨개집니다. 마음 먹은 대로 목소리가 나오지 않습니다. 그래도 가슴속이 후련합니다. 예빈이가 웃습니다. 재희도 웃습니다. 동우가 웃으며 들어옵니다. 마음이 환해집니다. 예빈이가 가져온 케이크에 놓여 있는 딸기가 반짝반짝 빛납니다. 햇빛이 창문 너머에서 넘실넘실 어깨춤을 추며 웃고 있습니다.

"형아 아프니까 귀찮게 하면 안 돼."

놀이방에서 돌아오자마자 재희에게 놀아 달라고 하던 승희는 엄마의 말에 눈이 동그래집니다. 재희가 가까이 가도 시무룩한 얼굴로 엄마 옆에만 붙어 있더니 아까부터 뭘 그리 열심히 만드는지 색종이를 가지고 부스럭거리고 있습니다.

평소엔 귀찮은 동생이지만 막상 놀아 주고 싶을 때 아야해, 아야해하며 도망가니까 섭섭하기도 합니다. 어린애는 알 수 없다니까, 하며 생각하는 재희입니다. 하루 종일 죽을 먹어서인지 밤이 되니 배가 고픕니다. 꼬르륵 소리가 납니다.

"엄마, 나 배고파."

"오늘까지는 참아. 내일 아침에 미역국 끓여 줄게."

잠이 올 것 같지는 않지만 고픈 배를 안고 방으로 들어갑니다. 승희가 따라 들어옵니다.

"형아, 이거 먹어."

승희가 불쑥 종이 상자를 내밉니다. 승희가 제일 아끼는 초코송이 상자입니다. 재희는 뚜껑을 엽니다. 하도 만져서 꼬깃꼬깃한 종이 뭉치가 들어 있습니다. 아까 승희가 만지작거리던 색종이입니다. 울긋불긋 오색 색종이를 헤치자 그 속에는 다 식었지만 커다란 고구마 튀김 하나가 들어 있습니다.

2 보이지 않는 것

토요일입니다. 오랜만에 이모가 집에 왔습니다. 재희는 이모를 무척 좋아합니다. 엄마 말에 의하면 변덕이 죽 끓듯하는 이모지만 재희에게는 늘 좋은 이모입니다. 하긴 이모의 사랑은 좀 유별나긴 합니다. 재희가 어렸을 땐 머리를 예쁘게 해 준다며 나비 핀을 사 와서 꽂거나 오색 고무줄로 머리를 묶어 놓은 적도 있습니다.

다행히 요즘 '머리 예쁘게 하기 놀이'는 승희에게로 옮아 갔습니다. 승희는 앞가르마를 해서 하트 핀을 양쪽에 두 개씩 네 개나

꽂고 있습니다. 뭐가 그리 좋은지 나 예뻐? 나 예뻐? 싱글싱글 웃고 있습니다. 이모는 승희를 보고 방바닥을 칠 정도로 좋아하며 웃습니다.

"그만해라. 내 아들이 네 장난감이냐?"

엄마는 어이가 없는지 웃고 맙니다. 이모는 연신 승희의 볼에 뽀뽀를 해 댑니다.

"그렇게 좋으면 너도 얼른 하나 낳아."

"조카가 이쁜 거지. 누가 낳고 싶대?"

"얼씨구. 그런데 오늘은 왜 같이 안 왔어?"

이모는 대답 없이 승희랑 놀기만 합니다. 저번에 이모는 애인을 데리고 왔었는데 그러고 보니 오늘은 혼자입니다. 아무래도 또 싸운 것 같습니다. 재희는 이모 애인을 삼촌이라 부릅니다. 삼촌이랑 놀면 참 재미있어서 이모가 온다고 하면 삼촌도 오냐고 물어보곤 했습니다.

"그냥…… 산소 갈 건데 뭐 굳이 데리고 올 필요 있나?"

"또 싸웠냐?"

이모는 또 대답 없이 승희의 머리핀을 새로 꽂아 줍니다. 왠지 힘이 없어 보입니다. 이모 주변의 공기가 갑자기 무거워 보입니

다. 이모와 삼촌은 자주 티격태격하는 것 같았지만 이번엔 예전과
는 다르게 이모 표정이 심각해 보입니다. 엄마는 뭔가 더 물어보
려다가 재희에게 눈짓을 하곤 부엌으로 갑니다.

"이모, 근데 내 선물은 없어? 요즘 승희만 이뻐해."

"아, 참, 내 정신 좀 봐. 당연히 있지."

이모는 가방에서 작은 상자를 꺼냅니다. 빨간 리본까지 달린 선
물 상자입니다. 재희는 신이 나서 풀어 봅니다. 승희도 궁금한지
이모 무릎에 앉은 채 고개를 쑥 빼고 있습니다.

"우와아아아, 시계다! 엄마 엄마, 이모가 내 시계 사 왔어!"

"생일 선물 미리 주는 거야. 맘에 들어?"

"응. 되게 좋아. 고마워 이모!"

재희는 얼른 손목에 차 봅니다. 하얀 줄에 시계 판은 투명한 재
질로 되어 있어 톱니바퀴까지 훤히 보입니다. 재희는 너무너무 맘
에 듭니다.

"이야, 멋있네. 재희 좋겠다."

엄마가 토마토를 썰어 쟁반 가득 담아 옵니다.

"설탕, 달게. 설탕."

승희가 엄마를 조릅니다. 친구네 놀러 갔다가 설탕에 잰 토마토

를 먹고 온 후 승희는 토마토를 볼 때마다 달게 해 달라고 합니다.

"안 돼. 그냥 먹는 거야."

승희는 금방 시무룩해집니다. 하지만 이모가 포크에 찍어 하나 주자 금방 맛있게 먹습니다. 재희도 예전엔 설탕을 찍어 먹는 걸 좋아했지만 이젠 그냥 먹는 게 더 맛있습니다. 생으로 먹는 게 훨씬 상큼하다는 걸 알았거든요. 엄마는 토마토를 먹으며 이런 말을 합니다.

"처음엔 단 게 맛있을지 모르지만 오래 맛을 음미하기 위해선 그냥 먹는 게 좋아. 엄만 재희랑 승희가 설탕 친 사람이 아니라 원래 맛을 간직한 천연 과일 같은 사람이 되었으면 좋겠어."

"으에 우스 아이야?(그게 무슨 말이야?)"

입 안 가득 토마토를 넣고 있던 재희가 물었습니다.

"으에 우스 아이야?"

역시 입 안 가득 토마토를 넣고 있던 승희도 따라 했지요.

"겉만 그럴싸하게 보이는 것에만 신경 쓰는 사람보다는 마음속에 깊은 사랑을 간직한 사람이 되었으면 좋겠다는 소리야."

"으흠…… 아우……스처럼?"

엄마는 눈을 동그랗게 뜨더니 맞아, 맞아, 하며 웃습니다. 이모는 그게 뭐야? 하는 얼굴입니다. 승희는 세상에 토마토와 자신밖에 없는 듯 토마토를 뚫어지게 바라보다 한 입 먹고 또 뚫어지게 바라보다 한 입 먹고 있습니다. 설탕이 없는 게 못내 서운한 얼굴입니다.

"아우스가 뭐야?"

"아우구스티누스. 얼마 전에 재희가 뭘 묻길래 그 사람 이야기를 해 주었거든."

"어디서 들어 본 이름 같긴 한데…… 그나저나 그 사람은 왜?"

"봉사 활동을 하다 보니 부쩍 사랑에 대해서 생각하게 됐지 뭐. 참된 사랑이란 뭘까, 난 지금까지 무엇을 위해 살아온 걸까, 신은 과연 존재하는 걸까, 그렇다면 세상엔 왜 이렇게 불행한 사람이 많을까. 모든 게 신의 뜻이라면 아무 잘못 없이 단지 가난하게 태어났다는 이유 하나만으로도 고통을 당하는 사람이 있어야 하는 이유는 뭘까……."

"그런데 아우스인지 뭐시기는 왜?"

"아우구스티누스다. 남의 이름이라도 좀 제대로 불러 줘라."

"어려운 걸 뭐. 한 번 듣고 어떻게 알아."

"요즘 그 사람 책을 좀 읽었는데 아우구스티누에 의하면……."

"아이고, 몰라 몰라. 뭘 그런 걸 깊이 생각하고 그래. 그냥 열심히 살면 되지. 안 그러냐, 재희야?"

엄마는 아우구스티누스에 대해 더 말하고 싶은 눈치였지만 이런저런 시계 작동법을 익히고 있던 재희는 시계에 푹 빠진 채 고개도 들지 않고 말합니다.

"그러니까 엄마 말은 사랑하며 살라는 거야. 그러니까 이모도 삼촌이랑 괜히 싸우지 말고 많이 많이 사랑하며 살아. 알았지?"

"쪼그만 게 무슨 사랑이냐? 네가 사랑을 아냐?"

"왜 몰라. 나도 사랑하⋯⋯."

아차! 재희는 얼른 입을 다물지만 이미 늦었습니다. 이모와 엄마의 필살 간지럼 태우기 공격이 시작됩니다.

"뭐라고라? 네가 사랑을 안다고라. 너 누구 좋아하지? 빨리 말해!"

"아들! 엄마보다 더 좋은 여자가 생긴 거야? 그런 거야? 으아, 아빠한테 일러야겠다!" 난리가 났습니다. 재희는 간지럼 공격에 거의 숨이 넘어가기 직전입니다. 너무 웃어서 배가 아프고 입도 아프고 헉헉헉, 가슴도 아픕니다. 이모가 두 다리를 꼭 잡고 있어서 도망가지도 못 합니다. 엄마가 발바닥을 간질이기 시작합니다. 으아, 이러다 재희 죽겠습니다! 승희는 입 안 가득 토마토를 물고

재희 머리맡에서 고개 숙이고 바라봅니다. 거꾸로 보이는 승희의 얼굴이 가뜩이나 빵빵한데 머리를 갈라 핀까지 꽂아 놓으니 잘 익은 토마토 같아서 너무너무 웃깁니다.

"항복! 항복! 고백! 고백! 예빈이가 좋아!"

엄마와 이모의 합동 공격이 멈췄습니다. 엄마는 이제야 알겠다는 표정입니다.

"아하…… 딸기 케이크?"

"나 나가서 논다."

재희는 얼굴이 빨개져서 도망갑니다. 틀림없이 엄마가 이모에게 이러쿵저러쿵 다 얘기하겠지요. 승희가 얼른 따라 나옵니다. 이모의 깔깔깔 웃음소리가 높은음자리표처럼 높아집니다. 이모는 엄청 어른인 척하지만 재희가 보기엔 자기와 다를 바 없어 보입니다. 치, 남의 연애사에 웬 관심이 저렇게 많은 걸까요.

재희는 한밤중에 잠에서 깼습니다. 누군가 소리 죽여 우는 소리가 들립니다. 이모입니다. 낮에는 씩씩하게 웃기만 하던 이모가 울고 있습니다. 이모가 눈치 채지 못하게 재희는 가만히 다시 눈을 감습니다. 사랑 때문일까요? 갑자기 아우구스티누스가 떠오릅니다. 그 사람도 이렇게 어둠 속에서 혼자 운 적이 있을까요? 재희는 그 사람이 궁금해집니다. 이름도 어려운 그 사람이 불쑥불쑥 생각납니다. 아무래도 엄마 때문인 것 같습니다. 나중에 엄마에게 자세히 이야기해 달라고 해야겠습니다.

이모가 다시 잠들 때까지 재희는 잠들지 않으려고 어둠 속에서 아우구스티누스를 생각하며 한참을 기다립니다. 이모의 슬픔이 재희의 가슴 깊은 곳으로 쓸쓸한 바람처럼 넘어 들어옵니다. 마음은 보이는 것이 아니지만 느낄 수는 있는 것인가 봅니다. 울음소리가 잦아들고 이모의 숨소리만 들릴 무렵 재희는 살며시 일어나 잠든 이모의 얼굴을 가만히 바라봅니다. 이불을 살짝 끌어당겨 잘 덮어 줍니다. 재희가 아팠을 때 엄마가 해 주었던 것처럼 토닥토닥 다독여 줍니다. 이모의 볼에 눈물자국이 남아 있습니다. 마음이 아픕니다. 사랑은 누군가 마음이 아플 때 같이 아파해 주는 것인가 봅니다. 창 너머 달빛이 은빛 그림자를 끌고 와 이모의 얼굴을 가만가만 쓰다듬어 줍니다.

3 보고 싶은 것

아침에 늦잠을 잔 이모의 눈은 퉁퉁 부어 있습니다. 재희는 일부러 모른 척했지만 승희가 이모의 눈을 보더니 깜짝 놀랍니다.

"붕어, 붕어."

이모가 얼른 거울을 보더니 으아아악, 소리를 칩니다. 아빠와 엄마가 뛰어나옵니다.

"왜 그래, 처제. 무슨 일이야?"

"형부, 형부의 둘째 아들이 나보고 붕어래. 붕어가 뭐야,

붕어가……"

"그래서 밤에 먹고 자지 말라고 했지."

이모 눈이 유난히 빨간 이유를 엄마는 아는 듯했지만 모른 척하며 웃어넘깁니다.

"이모는 붕어 맞어. 뭐든 꿀떡꿀떡 원 샷이잖아. 커피도 꿀떡꿀떡, 물도 꿀떡꿀떡, 맥주도 꿀떡꿀떡……"

재희는 이모를 약 올리고 잡히기 전에 날름 도망갑니다. 승희는 이모를 따라다니며 붕어, 붕어 놀리다가 결국엔 볼을 꼬집히고 울고 맙니다. 아침부터 시끄러웠다니까요, 정말.

점심 때 재희네 식구와 이모는 외할아버지 외할머니 산소에 왔습니다. 봉긋하게 솟은 외할머니와 외할아버지 무덤은 사이좋게 나란히 있습니다. 아빠와 엄마와 이모는 묵묵히 절을 하고 산소 주변의 풀을 뜯습니다. 재희와 승희도 절을 합니다. 승희는 아직 절을 제대로 할 줄 몰라 철푸덕하고 엎어집니다.

두 분은 재희가 아주 아기일 때 돌아가셨다고 합니다. 그래서 재희는 외할머니 외할아버지를 사진에서만 보았을 뿐입니다. 엄마는 외할아버지를, 이모는 외할머니를 많이 닮았습니다. 자녀라고는 엄마와 이모 자매뿐이라 따로 제사는 드리지 않고 기일이 되면 식구들이 모여 산소에 갑니다. 재희는 외할머니, 외할아버지가 보고 싶습니다.

승희는 나비를 쫓아다닙니다. 재희는 엄마 손을 잡고 무덤 주변을 걸어 봅니다. 이모는 무덤 옆 소나무 그늘에 앉아 생각에 잠겨 있습니다. 승희가 너무 멀리 갑니다. 아빠가 따라가서 승희를 번쩍 안아 올립니다. 하하하하, 승희의 웃음소리가 퍼집니다. 또 해 줘, 또 해 줘, 승희가 아빠를 조릅니다. 아직도 아가라니까요. 재희는 엄마와 둘이 있을 때 아우구스티누스에 대해 물어보기로 마음 먹습니다.

"엄마, 아우구스티누스는 어떤 사람이었어?"

"왜?"

"음…… 엄마가 자주 이야기하니까 궁금해졌어."

"전에 어디까지 얘기했었더라?"

"젊었을 땐 되게 나쁜 짓도 많이 하고 그랬는데 나중엔 훌륭한 사람이 되었다고 했어."

"그래. 아우구스티누스의 엄마가 끝까지 그를 사랑했다는 얘기도 했지?"

"응. 눈물로 기도했다고 했잖아. 그런데 신의 사랑이라는 건 뭐야?"

재희는 엄마와 함께 아까시나무 그늘 아래 앉습니다. 알싸하고 달콤한 꽃향기가 코끝에 파고듭니다. 멀리서 뻐꾹새가 웁니다. 햇볕이 따뜻합니다. 꽃향기와 새소리와 햇볕 속에 파묻혀 있으니 마음이 부드러워집니다. 사랑은 아까시 향기 같은 것일까요? 뻐꾹새 울음소리 같은 것일까요? 아니면 숲 속 가득 따뜻한 숨결을 불어넣어 주는 햇볕 같은 걸까요?

"아우구스티누스는 신의 사랑 안에서만 우리가 행복할 수 있다고 보았어. 그리고 이 세상의 모든 것은 신의 뜻이라고 생각했지."

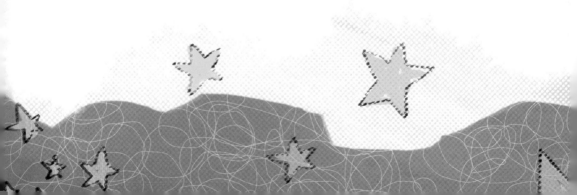

"모든 게 신의 뜻? 하지만 내 뜻으로 하는 것도 있는데 이것도 신의 뜻이라는 거야?"

재희는 고개를 갸웃합니다. 뭐가 뭔지 모르겠습니다.

"아우구스티누스가 그렇게 생각했다는 거지. 재희도 아우구스티누스처럼 신을 믿을지 안 믿을지는 차차 생각해 봐. 종교는 강요해서 되는 건 아니니까."

"엄마는 신을 믿어?"

"음…… 요즘 들어 가끔 그런 생각이 들어. 우리 인간이 옳다고 하는 일이 정말 모두 옳은 것인지, 내 뜻대로 한다고 하는 것이 과연 정말 내 뜻인지. 재희는 그런 생각한 적 없어?"

"생각한 거랑 반대로 한 적은 있어."

재희는 예빈이랑 화해하기 전에 생각지도 않았던 말이 마구 나왔던 기억을 떠올립니다. 머릿속에 장난꾸러기가 있어서 마음대로 말을 내보내는 건 아닌가 의심할 정도였으니까요.

"완전 청개구리네?"

엄마는 재희의 머리를 헝클며 웃습니다.

"근데 아우구스티누스는 처음부터 신을 믿었어?"

"아니. 신을 믿기는커녕 어떤 것도 믿을 수 없는 의심에 빠졌지.

모든 건 불확실하고 완전한 것은 없다고 생각하게 된 거야."

"왜?"

"생각을 너무 많이 해서 그랬을까? 재희도 친구에게 네 마음을 전하려고 하는데 말이 오히려 오해를 불러일으킬 때가 있지?"

"응. 내 마음은 그렇지 않은데 걔가 잘못 알아들을 때도 있고 내가 말하고 싶은 것을 어떻게 표현해야 좋을지 모를 때도 있어."

재희는 잠시 생각에 잠깁니다. 아까시 향기를 타고 멀리서 승희가 웃는 소리가 들립니다. 승희는 자기가 생각하고 있는 걸 다 표현하고 있을까요? 하긴 승희는 말이 필요 없을 것 같습니다. 승희의 표정만 봐도 다 아는 걸요.

"아우구스티누스도 어떻게 해야 할지 모를 때가 많았나 봐. 그래서 오래오래 고민하고 방황했지. 어떻게 살아야 하는지, 진리란 무엇인지, 행복이란 무엇인지 알고 싶은 게 많았거든. 하지만 누군가에게 듣거나 책을 읽는다고 저절로 알게 되는 건 아니잖니? 자신이 스스로 찾아야 하는 것도 있거든. 아까시 향기를 멋진 말로 설명해 준들 직접 맡아 보기 전엔 알기 어렵잖아."

"응. 엄마가 해 주는 닭볶음탕도 먹어 보기 전엔 그 맛을 설명하기가 어려워."

"오늘 저녁에 닭볶음탕 해 달라는 얘기구나?"

재희와 엄마는 마주 보며 웃습니다. 사랑이 담뿍 담겨 있는 웃음입니다. 재희는 사랑이란 사람을 웃게 만드는 것이 아닐까 생각합니다. 사랑하면 웃게 되고 웃으며 마주 보면 더 사랑하게 되는 걸까요. 사랑이 가득 들어 있는 봉지가 있다면 웃음은 거기에 난 구멍 같은 것인지도 모릅니다. 구멍 난 봉지에서 사랑 가루가 술술 새어 나오니까요.

"그런데 엄마는 아우구스티누스에 대해 어떻게 그렇게 잘 알아?"

재희는 이렇게 어려운 이름을 술술 말하게 된 자신이 너무 자랑스럽습니다. 하지만 엄마 이야기를 듣다 보면 엄마가 굉장한 사람처럼 여겨집니다. 재희가 아무 때나 아무 거나 물어도 엄마는 적절한 대답을 해 주거든요.

"재희가 궁금한 게 있을 때 대답을 잘해 주고 싶어서 엄마도 늘 공부하는 걸."

하긴 집에서 엄마는 늘 책을 읽습니다. 재희가 아기였을 때부터 엄마는 재희에게 책을 읽어 주거나 이야기를 해 주었습니다. 어려운 책도 있고 재희랑 같이 읽을 수 있는 것도 있습니다. 그러고 보니 재희가 처음 글을 배울 무렵엔 엄마에게 재희가 책을 읽어 준 적도 있습니다. 요즘엔 노느라고 바빠서 책하고는 담을 쌓고 말았지만요.

"엄마도 잘 모르는 게 있어? 엄마는 뭐든 다 아는 것 같아."

"엄마도 모르는 게 많아. 하지만 모르는 게 많으니까 재미있어. 새로운 걸 알게 되니까. 세상 모든 일을 다 알면 무슨 재미로 살겠니? 그래도 엄마가 새로 배운 게 있어서 이렇게 아들이랑 대화도 나누고. 참 좋다. 그치?"

엄마는 재희의 볼을 살짝 꼬집습니다. 참 나, 이모도 엄마도 볼때기 꼬집는 걸 너무 좋아한다니까요. 그러고 보니 이모는? 아, 승희랑 아빠랑 술래잡기를 하고 있습니다. 승희가 술래네요. 가위바위보에서 또 가위를 낸 게 틀림없습니다. 승희는 처음엔 무조건 가위를 낸다는 걸 우리 식구는 다 알고 있거든요. 뒤뚱뒤뚱 이모를 잡으려고 하는 승희는 세상에서 술래잡기가 제일 재미있다는 듯 하하하하 웃고 있습니다. 같이 하고 싶어집니다. 재희는 엄마 손을 잡고 승희에게 힘차게 뛰어갑니다.

다사로운 오후 햇빛이 둥근 무덤 위를 비추고 있습니다. 외할머니, 외할아버지가 웃고 있는 것 같습니다. 한 번도 보지 못했지만 외할머니와 외할아버지는 분명 재희를 사랑한다는 걸 느낍니다.

재희는 오늘따라 두 분이 너무 보고 싶습니다. 사랑은 보고 싶어 하는 것일까요? 재희는 사랑이 무언지 모르지만 조금씩 알아 가는 것도 같습니다.

 사랑은 보이는 것, 딸기 케이크와 고구마 튀김 같은 것,

 사랑은 보이지 않는 것, 이모의 아픈 마음 같은 것,

 사랑은 보고 싶은 것. 외할머니 외할아버지의 따뜻한 미소 같은 것.

 술래인 승희 머리 위로 노랑 나비가 따라옵니다. 환한 햇빛 아래 무덤 옆에서 재희와 승희와 엄마와 아빠와 이모는 즐겁게 술래잡기를 합니다. 아까시 향기도 뻐꾹새 소리도 오후 햇빛도 웃음소리에 실려 둥글게 둥글게 퍼져 갑니다. 둥근 무덤 두 개가 파릇파릇한 배를 불뚝 내밀고 함께 웃고 있습니다.

아우구스티누스는 어떤 소년이었나요?

　도시를 등지고 산에 가까운 언덕 위에 선 '시골 소년' 아우구스티누스는 석양이 지면서 점점 어두워지는 산들을 바라보고 있었습니다. 산들은 항상 그에게 따뜻하면서도 무엇인가 알 수 없는 무거운 느낌을 주었어요. 오늘도 집에서 멀리 떨어진 산에 올라 해가 지는 줄도 모르고 깊은 생각 속에 잠겨 있던 아우구스티누스에게 산은 신에게 가장 어울린다는 생각이 퍼뜩 들었습니다. 그래, 산은 튼튼해서 아무도 그를 움직이게 할 수 없어. 산은 끝없이 높잖아. 저 높은 곳에는 반드시 신이 있을 거야. 언젠가는 '저 하늘에 닿는 일'을 해내고 말 거야. 주먹을 불끈 쥔 아우구스티누스는 집을 향해 언덕을 뛰어 내려오기 시작했어요. 멀리서 연기가 피어오르며 저녁밥을 짓는 타가스테의 따뜻함이 아우구스티누스를 두 팔로 안아 주는 듯했습니다. 아우구스티누스는 미끄러지듯 그 품 안으로 빨려 들어갑니다.

　타가스테. 성 아우구스티누스가 태어난 이곳 타가스테는 북아프리카 북쪽에 위치해 있으며 지중해로부터 내륙 쪽으로 약 100킬로미터

정도 들어와 있습니다. 타가스테는 산맥으로 둘러싸인 산악지대로 사방이 꼭 틀어 막힌 갑갑한 세계였습니다. 그러나 당시 타가스테는 로마 제국의 일부로 내륙에서 지중해 쪽으로 가는 사람들과 지중해에서 내륙으로 들어가는 상인들로 인해 매일 거리가 복잡하였습니다. 그리고 이곳에는 로마처럼 길에 돌이 깔려져 있으며, 수도관도 이어져 있고 또 아우구스티누스가 좋아하는 원형극장도 있습니다. 당시 로마령이었던 북아프리카 사람들의 생활 수준은 이탈리아보다 더 부유했습니다. 그들은 자신들이 비록 정치적으로 로마에 속해 있지만 스스로 독립국가의 시민이라는 강한 자의식을 갖고 독립적으로 나라를 운영하고 있었습니다.

아우구스티누스는 354년에 타가스테에서 태어났습니다. 어머니 모니카는 카르타고 사람으로 이미 기독교를 믿고 있었습니다. 기독교는 313년에 로마의 국교가 되어 있었지만, 기독교를 믿지 않는 사람도 많았으며, 또 기독교 안에서도 서로 다른 주장을 하는 사람들로 인해서 많은 종파들로 나누어져 있었습니다. 아우구스티누스의 아버지는 로마 관리로 기독교를 믿지 않았습니다. 아버지 파트리키우스는 아들 아우구스티누스가 로마 제국의 관리가 되도록 교육을 시켰습니다. 그래서 집안의 하인들까지도 라틴어로 말해야 했답니다.

이것이냐 저것이냐

 당신의 생활을 육체와 더불어 같이하지 말고 늘 영혼과 함께 있도록 하라. 그때 당신은 모든 진실한 길을 열고 나갈 것이며 자신의 참된 사명을 다하며, 고요히 신의 품 안에 안길 것이다.

-아우구스티누스

1 틀린 것과 다른 것

오늘도 엄마가 늦습니다. 엄마는 봉사 활동을 시작하고부터는 늦는 날이 부쩍 늘었습니다. 오늘따라 집에 일찍 들어온 아빠가 화가 많이 난 얼굴입니다. 하긴 저녁 시간이 지났는데도 전화 한 통 없이 늦는 엄마에게 재희도 화가 납니다. 저녁은 자장면을 시켜 먹었습니다. 승희는 자장면을 먹는 동안은 엄마를 잊어버린 것 같더니 입가가 까맣게 되어선 "엄마 언제 와?" 하고 묻습니다. 재희는 승희의 얼굴을 닦아 주고 발도 씻겨 주고 동화책도 읽어 주었습니다.

 밖은 벌써 캄캄해졌습니다. 엄마의 휴대전화는 꺼져 있습니다. 아빠는 화가 났다가 걱정이 되는지 대문 밖에서 엄마를 기다립니다. 재희는 잠이 오지 않습니다. 엄마에게 무슨 일이 생긴 걸까요? 불안합니다. 엄마가 함께 읽고 얘기해 보자며 사다 준 아우구스티누스 이야기를 읽어도 글자가 눈에 들어오지 않습니다. 아우구스티누스는 엄마가 매일 걱정했다는데 재희는 자기가 엄마를 걱정해야 하다니, 거꾸로 됐다고 생각합니다.

 "방황을 거듭하던 아우구스티누스는 밀라노에서 주교 암브로시우스를 만났습니……다."

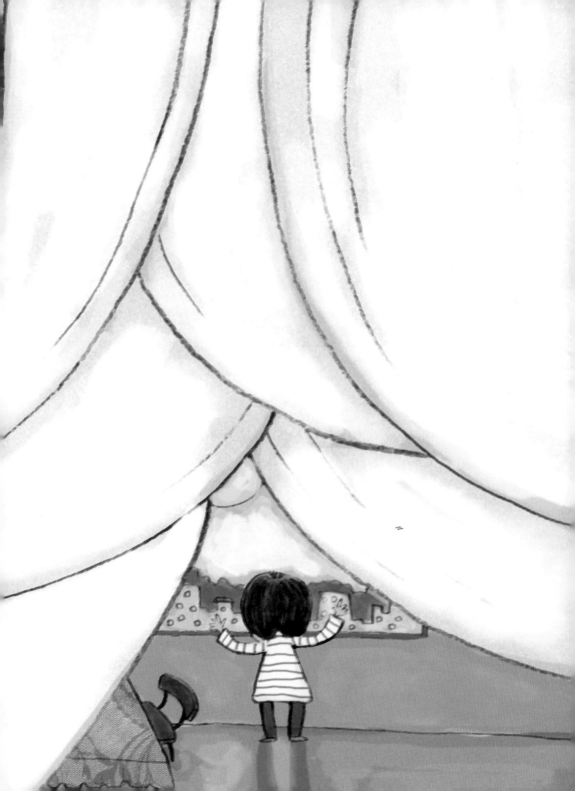

암……브로……시……우스? 엄마가 올 때까지 아우구스티누스를 읽기로 한 재희는 금방 어려움에 부딪힙니다. 아우구스티누스라는 이름에 겨우겨우 익숙해졌는데 또 이렇게 어려운 이름을 만나다니?

"쳇, 도대체 이름을 왜 이렇게 어렵게 짓는 거야. 재희! 승희! 얼마나 좋아. 부르기 쉽고 기억하기 쉽고."

'재희'는 엄마가 제일 재미있게 보았다는 드라마에서 따온 이름입니다. 주인공도 아니었는데 대사도 별로 없는 보디가드였던 그가 너무 멋있어서 지었다나요. 하여튼 엄마는 못 말린다니까요. '승희'는 딸인 줄 알고 이름을 미리 '희'자 돌림으로 지었는데 또 아들이어서 섭섭한 김에 그대로 부르기로 했답니다. 틀림없이 딸이라고 생각해서(도대체 무슨 근거로 그랬는지 재희는 지금도 알 수 없습니다) 승희의 아기 때 옷과 용품은 분홍색 일색이었지요. 재희가 쓰던 것은 벌써 남에게 준 지 오래되었거든요. 그래서 승희가 아기 때 찍은 사진 중에는 레이스가 끔찍하게 많이 달린 옷을 입고 찍은 것도 있습니다. 엄마가 고이고이 간직하고 있지요. 정말 알 수 없는 엄마라니까요.

승희는 벌써 자고 있습니다. 얼굴이 한쪽으로 눌려 볼이 터질 것 같습니다. 재희는 웃음이 터지려는 걸 참고 머리를 똑바로 해 줍니다. 승희는 낮에 너무 많이 놀아서 피곤한지 머리가 베개에 닿자마자 잠이 듭니다. 그래서 별명도 '베개 땅'입니다. 베개를 베자마자 '준비 땅' 한 것처럼 꿈의 나라를 향해 힘차게 달려가니까요. 재희도 누가 발로 밟는 것처럼 눈꺼풀이 무거웠지만 엄마가 올 때까지 참고 책을 읽기로 합니다.

"암브로시우스는 초기 기독교를 위해 교회의 기초가 되는 질서를 세운 사람입니다. 후세 사람들은 이 두 사람을 비교하여 암브로시우스가 교회의 기초 질서를 만들었고, 아우구스티누스가 기독교 신학을 완성했다고 말합니다."

아, 역시 너무 어렵습니다. 어린이를 대상으로 한 책이 틀림없는데 내용이 왜 이렇게 딱딱한 걸까요? 좀 더 재미있게 써 주었으면 좋겠는데. 하긴 모든 걸 재미있게 만들 수만은 없겠지요. 역사적 사실은 사실이니까요. 재희는 참고 조금 더 읽어 보기로 합니다.

"……아우구스티누스는 질서 정연한 세계를 신이 창조했다고 생각합니다. 그는 자연의 세계가 놀라운 질서에 따라 진행되고 있음에 신비로움을 금할 수 없었습니다."

신이 이 세상을 창조했다고? 재희는 얼마 전 산소에 갔을 때를 떠올렸습니다. 아카시아 향기가 아직도 코끝에 느껴지는 것 같습니다. 시간이 공간 속에 녹아 들어가 모두 하나가 되었던 것 같은 기분이었습니다. 아우구스티누스도 산에 올라가 자연의 신비와 조화를 경험했던 것일까요?

재희는 어린 시절의 아우구스티누스를 상상해 봅니다. 훌륭한 어른도 그렇지 못한 어른도 분명히 어린 시절이 있었을 테니까요. 사람은 어느 날 갑자기 뚝딱 물건이 만들어지듯 훌륭해지는 것이 아니라 많은 사람들과 주변의 영향을 받아 변하는 것이라는 생각도 해 봅니다. 물론 가장 중요한 것은 자신의 마음이겠지만요. 사랑하는 마음만 있으면 아무리 나쁜 사람도 변할 수 있다고 해 주신 엄마의 말이 생각납니다.

재희는 자신의 손을 들여다봅니다. 용기가 몽땅 없어졌다고 생각한 밤, 대나무 숲에 들어간 이발사처럼 자신의 손에 대고 마음속에 있는 말을 했던 기억이 났습니다.

아우구스티누스는 용기를 내기 위해 어떻게 했을까요? 어둠 속에서 때론 울고 때론 괴로워했을까요? 용기를 내기 위한 자신만의 방법이 있었을까요?

재희는 아우구스티누스가 아득한 옛날 사람이 아니라 옆에 있는 친구처럼 느껴집니다. 누군가를 오래, 깊이 생각하면 마음이 열리게 되는가 봅니다. 문득 예빈이가 보고 싶습니다. 재희는 혼자 얼굴이 빨개져선 고개를 푹 숙입니다. 엄마가 옆에 없는 게 다행이라고 생각합니다. 놀릴 게 분명하니까요.

　엄마는 아직 오지 않았습니다. 아빠 목소리가 들립니다. 자리에서 일어납니다. 아빠는 여기저기 전화를 해 보지만 봉사 활동하는 날이라는 것 외에는 엄마가 어디 있는지 아무도 모르나 봅니다. 재희는 엄마에 대해 새삼 모르는 게 너무 많다는 생각을 합니다. 너무 가까이 있어서 당연하다고 생각했던 엄마의 자리가 텅 비어 보입니다. 잠이 확 달아납니다. 재희는 다시 아우구스티누스를 읽습니다.

　"신은 완전한 존재이며 모든 것을 초월해 있습니다. 어떤 것과도 비교할 수 없는 절대자이며 사랑 그 자체입니다. 신이 사랑 그 자체인 까닭은 신이 모든 것을 창조했으며 창조물들의 잘못을 용서해 주시는 분이기 때문입니다."

　사랑, 그 자체? 재희는 요즘처럼 사랑이라는 말이 쉽기도 하고 어렵기도 한 적이 없습니다. 알 듯 모를 듯 잡힐 듯 도망가 버리는 게 사랑입니다. 아우구스티누스가 말한 사랑은 재희가 느끼는 사랑과는 다른 걸까요? 세상에는 한 가지 사랑만 있는 게 아닌가 봅니다.

아, 초인종 소리가 들립니다. 엄마가 왔나 봅니다.

"지금이 도대체 몇 시야?"

아빠가 대뜸 소리부터 지릅니다.

재희는 나갈까 말까 망설입니다. 승희는 세상 모르고 쿨쿨 자고 있습니다. 자면서 웃는 버릇은 좀처럼 고쳐지지 않았지만 오늘은 어쩐 일인지 인상을 쓰면서 '으으으으' 하고 있습니다. 재희는 토닥토닥 배를 두드려 줍니다.

"왜 소리를 지르고 그래. 애들 다 깨겠다."

"애들 걱정하는 사람이 전화도 한 통 못해?"

"사정이 있었으니까 못했지. 휴대전화는 배터리가 다했고."

엄마는 피곤한 목소리입니다.

"나 힘든 하루였어. 지금 당신한테……."

"집안일 제대로 못할 거면 봉사고 뭐고 당장 다 때려치워!"

싸늘한 침묵이 흐릅니다. 재희는 얼른 일어나 불을 끕니다. 이럴 때 가만히 있는 게 상책일 것 같습니다. 아무래도 오랜만에 한바탕 전쟁이 벌어질 것 같습니다. 아우구스티누스가 어둠 속에서 웃고 있는 그림이 보입니다.

'아저씨, 지금 한가하게 웃고 있을 때가 아니라고요.'

재희는 가만히 책을 덮고 귀를 기울입니다. 엄마 아빠는 분명 사랑해서 결혼했을 텐데 사랑도 변하는 걸까요? 아니면 사랑하기 때문에 싸우는 걸까요? 서로 사랑해도 싸울 일이 생기면 싸울 수밖에 없는 걸까요?

"무슨 말을 그렇게 해. 내가 이 집 가정부야?"

엄마의 목소리가 커집니다. 화가 단단히 난 것 같습니다.

"당신 하는 일만 중요해? 내가 하는 일도 중요해. 사람 말을 들어보지도 않고 왜 소리부터 지르고 그래? 우리 재희 또래의 애가 지 아빠한테 두들겨 맞아서, 온몸이 시퍼렇게 멍들어서, 밥도 못 먹고, 맨발인 채, 복지관으로 도망쳐 왔는데 그럼 그걸 그냥 두고 와?"

엄마의 반격에 아빠는 잠깐 주춤합니다. 하지만 화까지 풀린 건 아닌가 봅니다.

"원래 우리랑 사는 게 틀린 사람들이야. 오늘 하루 봐 준다고 근본적으로 해결되는 것도 아니잖아."

"틀린 게 아니라 다른 것뿐이야. 근본적 해결이 안 된다고 그냥

냅 둬? 다 죽어 가는 애를 눈앞에 두고? 난 그렇게 못해. 우리 재희, 승희 생각나서 그렇게는 못해."

아빠도 더 이상 아무 말이 없습니다.

재희는 이유를 알 수 없는 목메임을 느낍니다. 틀린 게 아니라 다르다는 엄마의 외침이 오래오래 귓바퀴를 맴돕니다. 아우구스티누스는 신은 사랑 자체라고 했지만 아마도 이 세상에는 더 많은 사랑이 필요한 것 같습니다.

2 사실과 진실

남극이나 혹은 북극에 와 있는 줄 알았습니다. 냉장고 속에 들어가 있다 해도 이렇게 춥진 않을 겁니다. 아침밥을 먹는 식탁이 썰렁하기 그지없습니다. 눈치 없기로는 둘째가라면 서러운 승희도 엄마 아빠의 눈치를 보며 밥만 먹을 정도였으니까요. 이 상황에서도 꼭꼭 밥을 씹어 먹는 승희가 재희 눈에는 그저 대견하게만 보일 뿐입니다. 승희야, 넌 지구, 아니 우주 어디에 떨어뜨려 놓아도 잘 살 거야!

재희는 밥을 남기고 싶었지만 먹는 것 이외엔 달리 할 일도 없어서 후닥닥 먹고 집을 나섰습니다. 엄마랑 아빠랑 빨리 화해를 했으면 좋겠는데. 어제 들은 얘기를 종합한 결과 재희는 엄마 편을 들기로 했습니다. 아빠가 무조건 화부터 낼 게 아니라 차근차근 엄마의 이야기를 들은 다음 걱정했으니 다음부턴 미리 연락을 달라고 말했으면 좋았을 것이라고 생각합니다. 누군가의 말을 들어 준다는 건 생각보다 힘든 일인가 봅니다. 이따가 아빠 회사로 전화를 해서 이번엔 아빠가 먼저 사과하라고 말해야겠습니다.

예빈이는 아직 학교에 오지 않았습니다. 수업 종이 치기 전에 헐레벌떡 들어와서 지각을 아슬아슬하게 면하는 게 한두 번이 아닙니다. 조금만 부지런해지면 좋을 텐데……. 하지만 예빈이에게는 좋은 점이 많습니다. 친구를 먼저 배려할 줄 알고, 약속은 꼭 지키려고 노력하고, 앞에선 웃다가도 뒤돌아서면 욕하는 비겁한 짓도 하지 않습니다. 재희는 누구에게나 좋은 점이 있는 반면 부족한 점도 한두 개쯤은 있다고 생각합니다. 아우구스티누스도 완벽한 존재는 신밖에 없다고 했으니까요.

재희는 요즘 무엇을 생각해도 아우구스티누스와 연결해 보는 습관이 생겼습니다. 엄마가 사다 준 책을 아직 다 읽진 못했지만 천

천히, 혼자 힘으로 읽고 있습니다. 궁금한 게 생겨도 엄마에게 바로 물어보기보다는 생각할 수 있는 데까지는 혼자 생각해 볼 작정입니다. 아우구스티누스도 진리를 찾기 위해 고민하고 방황했다고 하니까요. 소중한 것은 쉽게 얻을 수 없다는 생각도 듭니다.

그런데 오늘은 평상시 교실 분위기랑 뭔가 다릅니다. 애들이 삼삼오오 모여 웅성웅성거리고 있습니다.

"뭐야? 진짜? 그럼 그게 다 거짓말이었단 말이야?"

"다는 아니고 하여튼……."

"어쩐지…… 한결이 새끼 재수 없었어."

"그래도 좀 불쌍하다. 한결이가 잘못한 것도 아닌데……."

한결이? 재희는 무슨 일인지 궁금합니다. 동우가 와서 얘기를 해 줍니다.

"재희야, 한결이 얘기 들었어?"

"아니, 뭔데? 한결이가 왜?"

"어제 자기 아빠한테 두들겨 맞아서 오늘 학교도 못 온 것 같아."

그러고 보니 한결이가 보이지 않습니다. 여기저기 끼어들어 언제나 시끄러운 아이인데 말입니다. 재희는 어제 엄마가 한 말이 떠오릅니다. 혹시? 아이들이 수군대는 소리가 들립니다.

"한결이 자식, 자기네 아빠 사장이라고 자랑하더니……."

"진짜 웃긴다. 여자에 대해서 이러니저러니 아는 척하더니."

"그럼 누나만 셋이라고 한 것도 거짓말이야?"

"친누나들이 아니라 친척 누나들이었대."

소식통 동우가 전해 준 말에 의하면 한결이네 엄마는 한결이가 어렸을 때 집을 나가 버렸다고 합니다. 아빠는 엄마를 찾아오겠다며 한결이를 할머니에게 맡기고 집을 나갔는데 한결이가 초등학교 1학년 때 할머니가 돌아가시자 아빠의 형님 집에서 자랐다고 합니다. 큰아빠네는 딸만 셋이어서 한결이를 친아들처럼 귀여워해 주었답니다. 그런데 오랫동안 소식이 없던 아빠가 얼마 전에 갑자기 나타나서 한결이는 아빠와 둘이 살게 되었는데 아빠는 엄마가 집을 나간 게 한결이 탓이라며 매일 술에 취해서 한결이를 때린다고 합니다.

"예전엔 안 그랬는데 그 녀석 올해부터 좀 이상해서 사춘긴가 했지."

동우가 심각하다는 듯 마치 어른처럼 말해서 재희는 하마터면 웃을 뻔했습니다. 동우는 마치 자기 일처럼 남 걱정을 잘한다니까요. 그래서 재희는 동우가 좋습니다.

그런데 동우는 어떻게 그 모든 사실을 알게 되었을까요? 가끔 동우가 너무 신기합니다. '소식통 갑이' '마당발 갑이'라고 불리긴 해도 정확한 정보를 어떻게 다 알고 있는지. 궁금한 사건이나 모르는 게 있으면 갑이에게 물어봐야 할 정도니까요. 아이들 사이에서 문제가 생기면 선생님들도 동우를 먼저 찾습니다.

"내가 어떻게 아는지 궁금하지?"

동우는 재희 마음을 다 안다는 듯 싱긋 웃습니다. 재희는 저도 모르게 고개를 끄덕입니다. 동우는 재희 등을 툭툭 치며 말합니다.

"자식, 너무 많은 걸 알려고 하지 마. 다쳐."

재희랑 동우는 동시에 웃음을 터뜨립니다. 예빈이가 헐레벌떡 뛰어 들어옵니다. 얼굴이 빨갛고 숨이 턱 끝에까지 아니 코끝에까지 차올라 말도 제대로 못합니다. 웃고 있는 동우와 재희를 보며 무슨 일인가 궁금해하지만 앉아서 숨 쉬기도 바쁩니다.

"복지관 봉사 활동하는 아줌마가 마침 4학년 때 한결이랑 같은 반 애 엄마였대. 그래서 사정을 알게 된 건데…… 어쨌건 아줌마 참 입도 싸다. 그냥 모른 척할 것이지. 그리고 그놈도 엄마한테 들은 얘기를 학교에 오자마자 나불댈 건 또 뭐냐. 그래도 같은 반 친구였던 앤데……."

재희는 순간 가슴이 덜컹했습니다. 엄마도 복지관에서 봉사 활동을 하니까요. 그 아줌마도 나쁜 뜻에서 얘기한 건 아닐 겁니다. 혹시 재희 엄마처럼 늦게 집에 돌아가서 사정을 설명하다가 얘기가 나온 건지도 모르지요.

"그 호기심 많은 놈이 아침에 복지관까지 가서 몰래 한결이를 보고 왔다는데 장난이 아니래. 얼마나 두들겨 맞았는지 얼굴이 퉁퉁 붓고 다리엔 온통 멍 자국이라더라. 아빠한테 또 맞을까 봐 집에도 못 들어가고 복지관에 있나 봐."

수업 종이 울립니다. 한결이는 아무래도 결석인가 봅니다. 동우가 예빈이 머리에 살짝 꿀밤을 먹입니다.

"야, 넌 일찍일찍 좀 다녀라. 네 짝꿍이 불쌍하지도 않냐?"

"……? 재희가 왜?"

"내가 무슨 말을 하리. 너도 고생이다."

재희를 한 대 툭 치고 제자리로 돌아가는 동우를 보며 재희는 지난번 아파서 결석했을 때 동우가 예빈이를 일부러 데리고 왔던 게 아닐까라는 생각을 합니다. 동우라면 분명히 재희의 마음을 알고 있었을 테니까요.

재희는 수업이 제대로 귀에 들어오지 않았습니다. 선생님의 목소리가 먼 바다 파도 소리처럼 아득하게만 들립니다. 지금 한결이는 혼자 있을까? 아빠한테 잡혀서 또 맞고 있진 않을까? 분명히 사랑해서 낳은 자식일 텐데 왜 한결이 부모는 한결이를 버렸을까? 인간의 사랑은 이렇게 불완전한 것일까? 아우구스티누스가 말한 신의 사랑은 절대 누군가를 버리지 않는 사랑일까? 그렇다면 신은 왜 인간을 창조하고 고통 속에 밀어 넣는 것일까? 신이 인간을 정말 사랑한다면 모두 행복하게 살아야 하는 게 아닐까? 아우구스티누스가 한결이를 본다면 뭐라고 말할까? 그래도 신은 한결이를 사랑한다고 말할까?

재희의 머릿속은 엉킨 실타래처럼 복잡해집니다. 오합지졸만 모여 있는 축구팀의 축구공처럼 이리 튀고 저리 튀고 갈피를 잡지 못합니다. 어제 읽은 아우구스티누스의 책 내용을 더듬더듬 기억해 봅니다.

신은 자연을 창조하고 인간을 만들었습니다. 신이 인간을 만든 이유는 인간이 자연 속에서 자연과 더불어 자연의 아름다움을 느끼며 진실하고 선하게 살기를 바랐기 때문입니다. 그래서 신은 다른 어떤 존재보다 인간을 현명한 존재로 만들었습니다.

그러나 인간은 신의 뜻에 따르지 않고 자신의 욕심만 앞세운 나머지 영혼이 병들게 되었습니다. 교만과 오만에 빠져 스스로의 힘으로는 병든 상태에서 벗어날 수 없게 되었습니다. 아우구스티누스는 이런 인간을 위해 신의 구원이 필요하다고 했습니다.

본래의 모습으로 돌아가려는 인간은 자신이 지은 죄를 고백하고 신의 은혜를 입어야 처음의 순수한 상태로 돌아갈 수 있습니다. 신이 원하지 않았던 나쁜 삶에 대해 반성하고 다시는 그런 잘못을 저지르지 않겠다는 마음으로 신의 용서를 빌 때 신은 인간의 모든 죄를 용서해 줍니다. 신은 사랑이기 때문입니다. 이 '신의 사랑'을 '신의 은총'이라고도 합니다.

하지만 도대체 한결이가 무슨 나쁜 짓을 그리 크게 저질렀기에 아빠한테 맞고 살아야 하는 건지 재희는 알 수 없습니다. 혹시 아우구스티누스가 틀린 것은 아닐까? 아니, 엄마 말대로 아우구스티누스의 생각은 아우구스티누스의 생각일 뿐 좀 다른 것이 아닐까? 아우구스티누스가 아무리 훌륭한 사람이라 해도 모든 것을 다 알고, 다 옳다고만은 할 수 없는 게 아닐까?

아우구스티누스를 생각하면 머릿속이 정리가 될 줄 알았는데 점점 더 복잡해질 뿐입니다. 누군가 마음대로 재희 머리에 들어와 커다란 막대기로 마구마구 휘저어 놓은 것 같습니다.

쉬는 시간에도 놀지 않고, 수업 시간에도 딴생각만 하고 있던 재희가 걱정되었는지 예빈이가 매점에서 딸기 우유를 사다 줍니다. 딸기 케이크, 딸기 우유, 딸기 방울, 예빈이가 좋아하는 딸기. 맛있는 딸기, 달콤한 딸기, 예빈이의 마음이 담긴 딸기. 재희는 마음이 따뜻해지는 걸 느낍니다.

재희는 내일 애들이 한결이를 욕하면 한결이 편을 들어줘야겠다고 생각합니다. 한결이는 따뜻한 사랑을 바랐던 것뿐입니다. 한결이는 분명 거짓말을 했습니다. 그건 사실입니다. 하지만 시끌벅적

한 식구들 속에서, 친구들 틈에서 사랑을 받고 싶었던 그 마음까지 거짓이었던 것은 아닙니다. 따뜻한 사랑을 느끼고 싶었던 한결이의 마음은 진실이었을 테니까요. 때로 사실과 진실은 발에 꼭 끼는 신발처럼 딱 맞지 않을 때도 있습니다. 겉으로 드러난 것만으로는 다 알 수 없으니까요.

재희는 한결이의 마음을 알 것 같습니다. 이 세상 누구도 혼자이고 싶은 사람은 없으니까요. 낯선 아이를 어느새 친구처럼 생각하게 되는 마음, 이것도 아우구스티누스가 말한 사랑일까요? 왠지 아우구스티누스에 중독돼 버렸어, 라고 생각하는 재희입니다.

3 승희 혹은 승희 친구

집에 오자마자 재희는 엄마를 찾습니다. 엄마는 뒷마당에서 일을 하고 있습니다. 수건을 머리에 둘러쓰고 열심히 호미질을 하는 엄마를 보니 엄마의 기분을 짐작할 수 있을 것 같습니다. 엄마는 마음이 아프거나 심란할 땐 꼭 뒷마당에 와서 일을 합니다. 오늘 엄마는 '최강 심란' 상태였나 봅니다. 잡초 한 포기 없이 깨끗하게 정리되어 있었거든요.

재희는 엄마의 뒷모습을 가만히 보다가 부엌으로 가서 간식을

준비합니다. 수박을 먹기 좋게 자르고 식탁에 간식으로 놓여 있는 떡도 예쁜 그릇에 담습니다. 오미자차에 꿀을 타서 엄마가 좋아하는 도자기 컵에 따릅니다. 얼음도 몇 개 동동 띄웁니다. 엄마가 재희를 위해 준비해 주었던 간식을 오늘은 엄마를 위해 재희가 준비합니다. 쟁반에 받쳐 흘리지 않게 조심조심 뒷마당으로 나갑니다.

"간식 시키신 분……."

엄마는 뒤돌아보곤 깜짝 놀랍니다. 재희가 들고 온 간식 쟁반을 보더니 금방 환한 얼굴이 됩니다. 재희는 엄마의 웃는 얼굴이 참 좋습니다. 갑자기 한결이 생각이 납니다. 한결이는 엄마가 얼마나 보고 싶었을까요? 이렇게 예쁘게 웃어 주는 엄마가 없다는 생각만으로도 마음이 아픕니다.

재희는 엄마랑 뒷마당 나무 벤치에 나란히 앉아 간식을 먹습니다. 아빠가 서툰 솜씨로 만든 의자라 몸을 움직이면 삐걱삐걱 소리가 나지만 엄마가 제일 좋아하는 의자입니다. 재희네 식구는 속상한 일이 있으면 뒷마당에 나와 이 의자에 앉습니다. 심지어 어린 승희조차 재희랑 싸우거나 엄마에게 혼나면 이 의자에 쪼그리고 앉아 훌쩍거립니다. 그러면 슬며시 누군가 뒤따라 나와 의자에 앉아 얘기를 들어주고 손을 잡아 주고 함께 하늘을 봅니다. 그러면 속상했던 마음이 어느새 녹아 버립니다. 그래서 이 나무 벤치를 '사랑 의자'라고 부릅니다. 낡았지만 오래된 만큼 식구들의 사랑이 녹아 있는 의자입니다. 엄마가 이 의자에 앉아 있을 때 위로해 주는 건 아빠 몫이었지만 오늘은 재희가 아빠 대신입니다. 바보 아빠! 엄마 마음도 모르고! 재희는 엄마가 입 안에 넣어 준 떡을 먹으며 그래도 우리 아빠는 아무리 화가 나도 때린 적은 한 번도 없다는 걸 생각합니다. 한결이 생각이 다시 납니다.

"엄마, 어제 엄마가 늦게까지 돌봐 준 아이, 혹시 한결이 아냐?"

"응? 네가 그걸 어떻게 알아?"

"사실 우리 반 아이거든. 나랑은 별로 친하지 않지만."

"그래? 한결이…… 오늘 학교 왔어?"

"아니. 애들 말로는 아빠한테 너무 맞아서 못 왔대."

"……."

엄마의 얼굴이 어두워집니다. 금방이라도 후드득 빗방울이 떨어질 것 같은 하늘처럼 슬픈 모습입니다.

"한결이는 학교 생활 잘해?"

"글쎄…… 일부러 애들 사이에 끼려고 노력하는 것 같았어. 동우가 그러는데 작년까지는 안 그랬는데 올해부터 좀 이상했대."

"……자기 아빠랑 살면서부터구나."

"한결이네 아빠는 왜 그러는 거야? 왜 자기 자식을 막 때려? 자식이라고 막 대해도 되는 거야? 지금까지 버려 두고 나 몰라라 하다가 이제 와서 데려갔으면 그동안 못해 준 거 다 해 주고 엄청 예뻐해 줘야 하는 거 아냐? 낳았으면 책임져야 하는 거잖아. 끝까지 사랑해야 하는 거잖아."

재희는 자기도 모르게 또 화가 납니다. 너무너무 화가 나서 견딜 수가 없습니다. 하지만 화가 나는 것보다 더 큰 마음이, 뭐라 말할 수 없는 마음이 가슴 저 깊은 곳에서부터 솟아오릅니다.

"얼마나 아팠을까? 그것도 모르고 난 한결이가 옷도 이상하게 입고, 남의 일에 끼어들고, 미운 소리만 골라 해서 너무 싫어했어."

"한결이는 몸보다 마음이 더 아팠을 거야. 자기 얘기를 할 사람이 아무도 없었으니까. 다른 사람도 아닌 자기 아빠한테 두들겨 맞아서 복지관에 왔는데…… 아무 말도 못하고 부들부들 떨기만 하는데…… 세상에 팔과 다리가 어찌나 말랐는지…… 그런 애를 때릴 때가 어디 있다고…….”

엄마는 말을 끝까지 하지 못하고 고개를 떨어뜨립니다. 재희는 자기랑 한결이의 처지가 바뀌었다면 어땠을까 생각해 봅니다. 상상만으로도 너무 끔찍해서 얼른 고개를 흔듭니다.

“세상은 불공평해. 신은 사랑 그 자체라면서 왜 이런 아픔을 주시는 거야? 신은 심술쟁이야? 사랑한다면 지켜줘야지, 왜 그냥 냅두기만 해? 그게 신의 사랑이야? 아우구스티누스는 엉터리야.”

재희는 공연히 엄마에게 심술을 부립니다. 절대자인 신이라면 못하는 게 아무것도 없을 텐데 어린아이가 매 맞는 것도 막지 못한다면 무슨 소용이 있는지, 아우구스티누스가 말한 ‘신의 사랑’이 이렇게 약한 거였는지 재희는 혼란스럽습니다.

“우리가 신의 뜻을 알기 위해선 좀 더 기다려야 할지도 몰라.”

“언제까지? 맞아 죽을 때까지?”

엄마는 재희 손을 잡아 줍니다. 따뜻합니다. 부드럽습니다. 사랑은 이렇게 따뜻한 것이어야 하고, 이렇게 부드러운 것이어야 한다고 재희는 생각합니다. 옆에 함께 있어 주고 다정하게 눈물을 닦아 주고 마음을 도닥여 주는 것이 아니라면 사랑이 도대체 무슨 소용이 있을까요?

"한결이에게 시련을 주시는 걸 거야. 더 강한 사람이 되라고. 더 빛나는 사람이 되라고. 신은 자기가 이겨 낼 만큼만 시련을 주신대. 신께서 한결이를 너무 사랑하셔서 더 큰 어려움을 이겨 내 보라고 하는 걸 거야."

"치, 그럼 신은 나를 하나도 사랑하지 않나 보다. 어려운 일이 하나도 없는 걸 보면."

엄마는 킥킥 웃다가 재희를 꼭 껴안아 줍니다.

"아냐, 신은 분명히 우리 재희를 사랑하셔. 저번에 힘든 일을 혼자서 아주 잘 이겨 냈잖아. 어려운 아우구스티누스에 대해서도 공부하고. 예전보다 더 큰 용기와 마음이 생겼잖아? 이렇게 엄마를 다 챙길 줄도 알고. 간식만 홀라당 먹고 가방은 마루에 버리고 방은 엉망으로 어질러 놓고 놀러 나가기에만 바빴던 네가. 그뿐이냐, 승희와는 하루가 멀다 하고 싸우지……."

"잠깐! 그만! 그만! 그건 더 이상 내가 아니라고!"

"그래? 그럼 학교에서 오자마자 숙제부터 하고 엄마가 바쁠 땐 설거지도 하고 빨래도 개고 승희와도 잘 놀아 주고 그러겠네?"

하여튼 엄마한테는 당할 수가 없다니까요. 재희는 엄마가 무슨 말을 더 하기 전에 빈 그릇과 쟁반을 챙겨 얼른 집으로 들어갑니다. 엄마는 기분이 풀린 듯 노래까지 부르면서 뒷정리를 합니다. 엄마가 기분 좋을 때만 부르는 엄마의 18번, '사랑 사랑 누가 말했나'라는 노래입니다. 재희가 태어나기도 전에 유행했던 노래라는데 엄마가 가사를 끝까지 아는 건 그 노래밖에 없어서 이젠 재희도 따라 부를 정도입니다.

"사랑 사랑 누가 말했나, 향기로운 꽃보다 진하다고……."

저녁 퇴근길에 아빠는 꽃을 한아름 사 들고 왔습니다. 엄마가 가장 좋아하는 보라색 들국화입니다. 미안하다고 말하기 쑥스러웠는지 들어와서 엄마를 보자마자 흠흠, 하더니 꽃부터 불쑥 내밉니다. 엄마는 말 안 해도 다 안다는 듯 꽃을 받아 들곤 웃어 줍니다. 엄마의 눈치를 보던 아빠가 엄마의 웃는 얼굴을 보자마자 금방 얼굴이 펴집니다. 재희는 하여튼 아빠는 엄마한테 꼼짝 못할 거면서 괜히 큰소리치기는, 이라는 표정으로 아빠를 바라봅니다.

저녁 식사 시간이 다 되었는데 승희가 아직 오지 않았습니다.

"이번엔 꼬맹이야? 다음엔 재희 네 차례냐? 그래도 무조건 혼부터 내기 전에 얘기를 먼저 들어봐야겠지, 재희야?"

아빠는 빙긋 웃으며 재희를 바라봅니다. 재희는 고개를 끄덕입니다. 엄마가 닭볶음탕을 하는지 좋은 냄새가 부엌에서부터 솔솔 풍깁니다. 재희는 벌써부터 배가 고픕니다. 엄마가 재희에게 뒷마당에서 상추를 좀 뜯어 오라고 바구니를 줍니다. 닭고기를 상추에 싸 먹는 건 재희네 식구만의 닭볶음탕 맛있게 먹기 비법입니다.

"아까 어린이집에서 전화 왔었어. 동물원 갔다가 조금 늦을지도 모른다고. 차가 좀 막히나 보지 뭐."

"승희 또 엄청 흥분했겠네. 원숭이만 보면 정신없이 좋아하잖아."

"당신 닮아서 그렇지. 둘 다 원숭이 띠잖아."

엄마랑 아빠는 언제 싸웠냐는 듯 사이가 좋습니다. 부부 싸움은 칼로 물 베기라더니, 재희는 어깨를 으쓱합니다. 상추를 가득 담아 들어오는데 전화벨이 울립니다.

"재희야, 전화 받아 봐. 승희가 도착했나 보다."

하여튼 엄마는 틈만 나면 재희를 부려 먹는다니까요. 이제 그만 텔레비전을 보고 싶은데. 그래도 재희는 오늘은 엄마를 위해 기꺼이 봉사하리라 마음먹습니다. 엄마를 사랑하는 아들이니까 당연한 것이지만요. 승희가 오면 질리도록 원숭이 얘기도 들어주고,

원숭이 흉내도 내 주고, 또 재희가 아끼는 가방에 달려 있는 원숭이 인형도 승희 가방에 달아 줄 생각입니다. 오늘따라 승희가 너무 보고 싶습니다. 빵빵한 볼도 납작한 코도 너무너무 보고 싶습니다. 가족의 사랑이 얼마나 소중한 것인지 새삼 느꼈기 때문입니다.

"여보세요. 네, 재희인데요. 예? 승희가요? 많이 다쳤다고요?"

재희는 갑자기 눈앞이 캄캄해집니다. 손에서 상추 바구니가 떨어지는 것도 모릅니다. 놀라서 달려온 아빠와 엄마가 번갈아 가며 전화를 받았지만 뭐라고 하는지 하나도 들리지 않습니다. 고무풍선에서 바람이 빠져나가듯 온몸에서 힘이 빠져나가 서 있을 수조차 없습니다.

아빠는 침착하게 차 열쇠를 챙기고 가스레인지 밸브를 잠그고 엄마와 재희를 차에 태웁니다. 심호흡을 한 후 자동차 키를 꽂고 병원으로 갑니다. 승희와 또 한 아이가 교통사고를 당해서 병원으로 옮겼다고 합니다. 둘이 나란히 손잡고 횡단보도 앞에 서 있는데 아이의 엄마가 건너편에서 아이를 발견하고 불렀다고 합니다. 아이는 반가운 마음에 승희의 손을 잡고 파란 불도 확인하지 않고 건너다가 속도를 미처 늦추지 못한 오토바이에 치였다고 했습니다. 선생님이 바로 옆에 있었는데도 너무 순식간에 일어난 사고였다고 합니다.

승희는 수술실에 있습니다. 승희와 함께 있던 아이는 무사하다고 합니다. 하도 울어서 엄마가 데리고 집으로 갔다고 합니다. 선생님은 죄인처럼 머리를 숙이고 하염없이 울고 있습니다. 아빠는 엄마와 재희를 꼭 안고 있습니다. 재희는 억지로 울음을 참아야 한다고 생각했지만 고장 난 수도꼭지처럼 눈물이 멈추질 않습니다.

네 시간이 넘도록 수술이 끝나지 않습니다. 피를 너무 많이 흘렸다고 합니다. 왜 하필이면 승희였는지, 승희 아닌 다른 아이였으면 안 되었던 건지, 나쁜 생각인 줄 알면서도 재희는 그런 생각이 듭니다. 빨간 불인데 승희의 손을 잡고 있던 아이를 부른 그 엄마도 너무 미워집니다. 승희가 잘못되기라도 할까 봐 너무 겁이 납니다. 승희에게 사랑한다는 말도 제대로 해 주지 못했는데 승희가 다시는 못 일어날까 봐 재희는 너무 겁이 납니다.

이것도 신의 뜻이라면 말도 안 되는 거라고, 왜 하필이면 승희가 이렇게 돼야 하느냐고 아무나 붙잡고 따지고 싶습니다. 신은 거짓말쟁이, 아우구스티누스는 엉터리라고 재희는 몇 번이고 생각합니다. 승희가 만약 잘못되기라도 하면 다시는 아우구스티누스를 읽지도 않을 것이고 신도 믿지 않을 것이라고 결심합니다. 신이 승희 아닌 다른 아이를 더 사랑했다고는 생각하고 싶지 않습니다. 얼마나 착하고 귀여운 승희인데요.

승희가 보고 싶습니다. 승희의 '하하하' 하는 웃음소리가 듣고 싶습니다. '놀아 줘' 라며 떼를 쓰던 작은 승희의 손을 다시 한 번 잡아 주고 싶습니다. 먹보라고 놀리지도 않고 동화책도 잘 읽어 주고 종이접기도 해 주고 맛있는 닭볶음탕의 다리도 다 승희에게 줄 거라고 재희는 약속합니다. 승희가, 승희가 무사히 살아나기만 한다면.

어머니의 눈물과 돌아온 아우구스티누스

어머니인 자신에게도 알리지 않은 채 카르타고를 몰래 빠져나간 아들을 좇아 밀라노까지 온 어머니 모니카는 그곳에서도 아들을 위해 눈물의 기도를 한시도 쉬지 않았습니다. 특히 아우구스티누스가 마니교에 깊이 빠져 있을 때 모니카의 마음은 찢어지는 것 같았습니다. 자존심이 강했던 아우구스티누스는 어머니가 믿는 기독교 순교자들과 그들이 말하는 기적들을 우습게 여겼습니다. 아들이 어머니의 마음을 아프게 함에도 불구하고 모니카는 아들을 극진히 대접하였습니다. 모니카는 고향 타가스테에서도 아우구스티누스를 교회에 데리고 가기 위해 온갖 정성을 다하였고, 밀라노에서는 주교 암브로시우스를 찾아가 아들을 기독교인으로 만들어 줄 것을 눈물로 부탁하기도 하였습니다.

어머니 모니카의 죽음 전, 아들과 어머니는 영원히 잊을 수 없는 주제를 가지고 대화를 나누었습니다. 사람이 영원히 사는 영생(永生)에 관한 이야기였습니다. 그것도 단둘이서만 조용히 이야기할 수 있는

시간을 가졌습니다. 둘이서 많은 이야기를 나눈 다음 함께 같은 결론에 도달합니다.

"사람의 기쁨이 아무리 크다 해도 하늘나라에서 사는 영원한 삶에 비하면 티끌과도 같다."

어머니가 저세상으로 가시던 마지막 날, 어머니의 눈을 감겨 드리면서 아우구스티누스는 가슴속에서 북받쳐 오르는 눈물을 참지 못하고 통곡을 합니다. 그러나 이내 어머니가 보인 '거짓 없는 믿음'에 확신을 품고 슬픔을 참아 냅니다. 아우구스티누스는 육체는 죽어 없어지지만 영혼이 다시 살아난다는 '영원의 삶'에 대한 희망으로 슬픔을 이겨 냅니다.

어머니 모니카가 흘린 눈물의 기도는 헛되지 않았습니다. 아들이 마음을 바꾸어 회심하고 세례 받기를 기도했던 어머니 모니카의 기도가 응답이 되어 돌아온 것입니다. 모니카가 죽기 전 아우구스티누스는 기독교로 개종하게 됩니다. 눈물로 키운 자식은 결코 잘못되는 법이 없다고 합니다. 아우구스티누스가 기독교를 믿겠다고 결심을 하게 된 것은 밀라노의 집 정원에서 일어난 순식간의 일이었습니다. 그러나 그 준비는 긴 시간을 요했습니다. 어머니의 기도 외에도 아우구스티누스 자신이 신을 알기 위해 꾸준히 노력해 왔던 것입니다. 회심하기 전 세속적 야망을 포기하고(결혼도 수사학 교수 자리도 모두 포기합니다) 영원한 삶을 주는 신의 세계를 찾아 나선 것입니다.

밀라노의 정원을 거닐던 아우구스티누스는 "집어 들고 읽으세요!"
라는 어린아이의 목소리를 듣습니다. 그가 펼쳐 들고 읽은 성서의 구
절은 성적인 방종함을 버리고 "그리스도의 온몸으로 무장하십시오"
라는 사도 바울의 말이었습니다. 이 구절을 읽은 아우구스티누스는
온몸이 얼어붙는 것 같았습니다. 감동과 희열이 주위를 휘감고 돌았
습니다. 아우구스티누스는 놀라움과 흥분 속에서 그동안의 정신적
고통이 한꺼번에 사라지는 느낌을 받습니다. 그는 거친 폭풍우를 뚫
고 항해해 이제 안전한 항구에 도착한 것입니다. '불변하는 진리의
맑디맑은 빛' 속에 들어오게 된 것입니다.

밀라노 정원에서 하나님을 믿기로 결심하고 나서 8개월이 지난 후,
그는 밀라노의 주교 암브로시우스에게 세례를 받습니다. 이제 정식
기독교인이 된 것이죠. 중세 기독교의 교리를 세운 사람에게서 중세
신학을 세울 사람이 새롭게 탄생하게 된 것입니다.

4

사랑의 빛

 오로지 사랑만이 인간을 인간답게 만든다

—아우구스티누스

1 기도

　사흘이 지나도 승희는 의식이 돌아오지 않습니다. 재희와 엄마, 아빠의 얼굴이 핼쑥합니다. 아빠는 엄마와 재희만이라도 집에 가서 쉬고 오라고 했지만 잠시라도 자리를 비우면 승희를 보지 못할 것 같습니다. 사람의 몸에 이렇게 많은 눈물이 숨겨져 있었는지 모를 정도로 재희와 엄마는 많이 울었습니다. 승희의 작은 얼굴을 바라보며 아빠도 눈물을 삼키느라 목이 울멍울멍합니다.

　"다 엉터리야."

"……."

"엄마, 신은 우리를 공평하게 사랑하는 거 맞지? 근데 왜 승희가 이렇게 아파야 해?"

"……."

"승희가 용서받을 게 뭐가 있다고 잘못한 게 뭐가 있다고 이런 벌을 주는 거야?"

"……."

"승희가, 승희가 얼마나 이쁘고 착한지 엄마 알지? 나보다 더 잘 알지? 지난번에 내가 아팠을 때 제일 큰 고구마 튀김도 안 먹고 남겼다가 내게 줬단 말야. 나도 승희에게 주고 싶어. 내가 아끼는 거 소중한 거 뭐든지 다 줄 수 있단 말이야."

엄마는 재희를 꼭 끌어안고 또 울기만 합니다. 아빠는 아무 말 없이 승희만 바라봅니다. 승희의 웃음이 얼마나 큰 힘이 되었던지 이제는 알 수 있습니다. 모두 승희를 얼마나 사랑했는지 이제는 알 수 있습니다.

"잘못을 한 건 그 앤데 왜 우리 승희가 아파야 해? 차라리 그 애가 다쳤더라면……."

엄마는 재희의 손을 잡아 줍니다. 슬픔이 가득한 얼굴에 목이 다

쉬었지만 힘 있는 목소리로 말합니다.

"재희야, 그런 말을 함부로 하는 거 아니야. 둘 중 한 아이라도 무사하니까 그것만으로도 감사하게 생각하자. 승희는 지금 열심히 힘내고 있을 거야. 우리에게 돌아오기 위해 이 세상에 처음 태어날 때만큼 노력하고 있을 거야. 그러니까 형아가 씩씩한 모습을 보여야지."

"……."

"엄마도 처음엔 재희처럼 생각했어. 다친 게 차라리 우리 승희가 아니라 그 애였다면 좋겠다고. 왜 하필이면 우리 승희에게 이런 일이 일어났느냐고. 하지만 재희야, 왜 우리 승희에게만 이런 일이 안 일어나야 하니? 승희가 아니라 그 애가 다쳤으면 신은 정당하고 공평하다고 할 수 있겠니?"

"……."

"엄마도 사실은 잘 모르겠어. 신의 뜻이 어떤 건지 그런 거 잘 몰라. 아우구스티누스를 읽을 땐 이해되었던 신의 사랑도 막상 내 일이 되니까, 우리 승희에게 닥친 일이 되니까 그게 뭔지 하나도 모르겠어. 그래도 지금은 우리 승희가 힘내서 우리에게 빨리 돌아오도록 기도하고 싶구나. 세상 어딘가에 신이 계신다면 우리의 간절한 마음이 닿도록 기도하고 싶어."

엄마는 아빠와 재희 손을 잡고 눈을 감습
니다. 아빠도 눈을 감습니다. 재희도 눈을 감
습니다. 승희에게 힘을 불어넣는 기도를, 먼
곳에서 헤매지 말고 너를 이렇게 사랑하는 사람
들이 있는 곳으로 빨리 돌아오라고 기도를 합니
다. 간절하게 더 간절하게.

신이여,
승희를 살려 주세요.
저희 식구는 승희가 없으면 하루도 살 수 없습니다.
차라리 승희 대신 제가 아플게요.
눈이 필요하다고 하시면 제 두 눈을,
팔이 필요하다고 하시면 제 두 팔을,
다리가 필요하다고 하시면 제 두 다리를 모두 바칠게요.
심장이 다 말라 버려도 온몸의 피가 다 쏟아진다 해도
승희가 살아날 수 있다면 제 모든 것을 당신께 바칠게요.
당신은 사랑입니다.

당신은 은총입니다.

제 모든 것을 아시고 제 모든 것을 주관하시는 당신은 절대입니다.

당신은 당신을 위해 모든 것을 창조하셨습니다.

당신의 품 안에서 쉬게 될 때까지 제 심장은 쉬지 않을 겁니다.

하지만 지금은 승희를 돌려주세요.

제발,

이렇게 간절히 바라니,

승희를 다시 우리에게 돌려주세요.

당신 앞에서 저는 죄인입니다.

알고 지은 죄, 모르고 지은 죄, 제가 다 갚겠으니

착하고 여린 제 동생을 조금 더 살게 해 주세요.

아직 세상이 뭔지, 미움이 뭔지, 사랑이 뭔지도 모르는 어린 생명입니다.

당신은 진리입니다.

당신은 빛입니다.

우리의 모든 생각과 마음이 당신 앞에선 힘을 잃을 정도로

당신은 위대한 존재입니다.

당신은 양으로 측정할 수 없이 크며,

깊이를 잴 수 없을 만큼 선하며,

공간과 시간을 떠나 영원히 존재합니다.

악한 자를 심판하시고 선한 자를 부르시되

모든 것은 인간의 뜻이 아니라 당신의 뜻이라는 것을 압니다.

승희를 이렇게 일찍 데려가시는 게 정녕 당신의 뜻은 아니지요?

저 옛날 아우구스티누스가 당신 앞에 무릎 꿇고 기도했듯 저도 오늘 당신 앞에 무릎 꿇고 간절히 기도합니다.

승희를 대신해서 한 사람이 아파야 한다면 승희의 아픔을 제게 주세요.

사랑하는 승희를 데려가지 마세요.

제발…… 제발.

재희의 얼굴이 눈물로 가득 젖습니다. 마음속에서부터 우러나온 기도가 빛처럼 온몸으로 퍼져 나갑니다. 마주 잡은 두 손이 천 년을 굳어 온 바위처럼 떨어지지 않습니다. 바닥에 꿇은 두 무릎이 뿌리 내린 나무처럼 단단합니다.

살면서 이렇게 간절했던 적은 없습니다. 이렇게 마음이 뜨거운 적도 없습니다. 절벽 끝에 서서 끝도 보이지 않는 바다를 향해 투

신하는 것처럼 모든 것을 던져 기도한 적도 없습니다.

지금 이 순간 재희는 신 앞에 홀로 있음을 느낍니다. 자신의 모든 것을 버리고 절대자 앞에 엎드려 있음을 느낍니다. 온몸으로, 온 마음으로, 온 정성으로, 온 영혼을 다해 기도하고 또 기도합니다.

간절함이 강처럼 흘러 신께 가닿을 때까지.

2 내게 강 같은 사랑

일주일이 지나고 한 달이 지나더니 어느새 여름이 지나고 가을
이 왔습니다. 아침저녁으로 바람이 선선합니다. 집은 침묵에 잠긴
듯 조용합니다. 나뭇잎 가득한 뒤뜰은 꽃도 풀도 시들어 가을 햇
빛만 가득합니다.

방은 텅 비어 있습니다. 재희는 승희가 누워서 자던 자리를 손으
로 만져 봅니다. 손끝에 아직도 승희의 온기가 느껴지는 것 같습
니다. 승희를 생각하면 아직도 가슴 한쪽이 아픕니다. 마치 어제

일처럼 생생하게 떠올라 심장 한쪽이 죄어 오는 슬픔을 느낍니다.

승희를 생각하며 슬픔을 느낄 때마다, 재희는 더위를 느낍니다. 병원에서 살다시피 했던 그 여름날의 열기가 몸의 일부가 된 것도 같습니다. 눈을 뜨지 않는 승희 앞에서 기도하면서 죽을 때까지 흘릴 눈물을 한꺼번에 다 흘린 것 같은 뜨거운 눈물의 온도입니다.

재희는 가방을 놓고 엄마가 봉사 활동을 하고 있는 복지관으로 갑니다. 재희도 일주일에 한 번 봉사 활동을 하는 날이거든요. 승희 또래의 아이들과 만나서 업어 주고 놀아 주고 밥도 같이 먹습니다.

복지관에는 한결이와 동우와 예빈이가 먼저 와 있습니다. 한결이와는 친구가 되었습니다. 쉽게 친구가 된 것은 아닙니다. 한결이는 마음이 거칠어질 대로 거칠어져 동네 싸움꾼 형들과 어울려 다니기 시작했습니다. 학교에 오면 어떤 트집을 잡아서라도 하루에 한 번은 치고 박고 싸워야 분이 풀리는 듯했습니다. 한결이 편을 들어주기로 마음먹은 재희였지만 이런 한결이의 모습은 절로 고개를 흔들게 했지요.

"두려운 거야, 한결이는. 애들이 아빠나 엄마 일로 놀릴까 봐. 그래서 그 말이 나오기 전에 먼저 선수 치는 것인지도 몰라."

엄마는 재희가 한결이의 친구가 되면 좋겠다는 말도, 한결이가 불쌍하니 잘 대해 주라는 말도 하지 않았습니다. 그저 재희가 있는 그대로 한결이의 마음을 봐 주길 바란다고 했습니다.

"마음을 열고 누군가를 있는 그대로 보는 건 사랑의 눈으로 보는 거야."

재희는 엄마의 말을 마음속으로 반복해 봅니다. 마음을 열고 누군가를 있는 그대로 보는 건 사랑의 눈으로 보는 거야. 사랑이라는 말이 강처럼 흘러 재희의 마음속으로 들어옵니다. 강 같은 사랑, 내 안에서만 머물지 않고 누군가에게로 흐르는 사랑, 내게 강 같은 사랑.

재희는 동우와 함께 묵묵히 한결이를 지켜봐 주기로 했습니다. 한결이가 이렇게 된 건 한결이 탓이 아니기 때문입니다. 한결이는 아직 어린아이인 걸요. 좀 더 어른이 되어 자기 행동에 책임을 지기 전까지는 실수도 하고 잘못도 할 수 있습니다. 아이는 그렇게 성장하는 거니까요.

이렇게 한 번에 한 발자국씩 친해진 한결이는 동우와 함께 병원에도 자주 와 주었습니다. 재희 엄마가 한결이를 계속 챙겨 주어서 한결이는 재희보단 아직 엄마를 더 좋아하는 것 같지만요. 겨

울 방학 땐 셋이서 초등학교 졸업 기념으로 동우네 외할머니가 계신 시골로 여행을 가기로 했습니다.

재희는 새삼 신기하다는 생각을 합니다. 불과 몇 달 전만 하더라도 한결이는 싫다고, 절대 친구가 될 수 없는 녀석이라고 생각했는데 지금은 마음을 털어놓는 사이가 되었으니까요.

한결이는 아직도 가끔씩 아빠한테 맞는 날이 있다고 합니다. 예전처럼 자주는 아니지만 아빠도 술을 조금만 마시기 위해 노력 중이라고 합니다. 하지만 습관이 그렇게 쉽게 고쳐지겠냐며 웃습니다. 그래도 멍들 만큼은 때리지 않는다고, 그게 어디냐고 웃습니다. 한결이는 동우랑 티격태격하기도 하고, 예빈이 이야기를 꺼내어서 재희를 놀리며 싸우기도 하지만 모두 모여 축구 한 번 하고 나면 사이좋게 어깨동무를 하고 돌아옵니다.

부딪혀 보지도 않고 결론부터 내리는 건 좋지 않다고 생각합니다. 미리 결정하고 포기하기보다는 한 번 해 보는 것도 나쁘지 않기 때문입니다. 설사 실패한다고 해도 실패는 절망이 아니라 한 번 진 것에 불과하다는 것도 압니다. 마음만 있다면 다시 도전할 수 있으니까요. 재희는 여름이 지나는 동안 자신의 마음이 부쩍 자란 걸 아는지 모르는지 친구들을 향해 활짝 웃고 있습니다.

"왜 이제 와?"

"오자마자 시비냐. 밥 안 먹었냐? 넌 배 고프면 포악해지더라."

한결이는 재희를 보자마자 태클을 겁니다. 재희도 지지 않지요.

"우리 엄마는?"

"이런 마마보이 같으니라고. 애인 먼저 안 챙기고 엄마부터 찾냐?"

"애……애인은 누가……."

예빈이가 얼굴이 빨개집니다.

"야, 너 또!"

한결이는 냉큼 도망갑니다. 하여튼 저 히죽히죽 웃으며 남의 속을 긁는 버릇은 좀 고쳐야 할 텐데. 하지만 한결이에게는 남이 모르는 좋은 점이 많습니다. 느림보 예빈이에게도 좋은 점이 많듯, 남의 일을 자기 일처럼 도와주는 동우에게도 좋은 점이 많듯, 욱하는 성질에 발끈하는 재희에게도 좋은 점이 많듯, 말은 밉게 하는 한결이지만 좋은 점이 정말 많다는 것을 재희는 압니다.

"누가 또 속 썩이나 보더라. 놀이터에 계시던데."

동우가 오늘 아이들과 놀 프로그램을 짜면서 대답해 줍니다.

"하여튼 그 누가 말이야, 감자탱이같이 쪼그마한 놈이 어지간히 말도 안 들어요. 그런 놈은 확 잡아다가 나무에 매달아 놓고 복날 개 패듯이……."

한결이가 또 말을 하다 말고 재희의 표정을 보더니 예빈이 뒤로 도망갑니다.

"어휴, 친구만 아니었다면 너야말로 나무에다 밤새 매달아 놓고 싶다. 물론 입은 꽁꽁 봉해서 말이야."

재희는 놀이터로 나가 봅니다. 엄마는 모래 바닥에 주저앉아 떼 쓰는 아이를 달래다가 이젠 막 야단치고 있습니다. 재희는 빙긋 웃습니다. 복지관 아이들이 꼼짝 못하는 고집불통, 어리광쟁이, 떼쟁이가 바로 자기 동생이거든요.

승희는 언제 아팠냐는 듯 여전히 밖에서 노는 걸 좋아합니다. 병원에 있는 동안 어리광을 다 받아 준 탓인지 고집과 떼가 엄청 나게 늘었습니다. 심지어 재희한테도 가끔 성질을 부리며 대들 때 가 있습니다. 예전엔 주먹만 쥐어 보여도 금방 꼬리를 내렸는데 요즘엔 어지간해서는 먹히지 않습니다. 그동안 승희도 큰 걸까 요? 엄마는 요즘 버릇을 다시 고치느라 매일 승희와 씨름합니다.

하지만 승희가 아무리 말썽을 피워도 잠 잘 때만큼은 아기입니 다. 빵빵한 볼이 베개에 눌려 터지기 일보 직전인데도 하하하하,

웃으며 자는 것도 그대로입니다. 재희는 밤에 깨어 승희의 자는 모습을 바라보는 게 습관이 됐습니다. 어쩌면 다시는 보지 못할 뻔한 동생의 자는 모습을 지켜보며 걷어찬 이불도 덮어 주고 베개도 똑바로 고쳐 줍니다. 비록 눈 뜨면 다시 미운 승희가 되지만 더없이 예쁘고 사랑스러운 동생입니다. 자신의 몸속에 따뜻한 피가 흐르는 한, 승희를 생각할 때마다 김이 모락모락 피어오르는 열기처럼, 사랑은 그렇게 솟아오릅니다.

누군가를 간절히 생각하는 마음, 자신을 완전히 버릴 줄 아는 마음, 재희는 그것이 사랑이라고 생각합니다. 끊임없이 흐르는 강물처럼 사랑도 분명히 그 사람에게 가닿는 것이라고 생각합니다. 엄마와 승희를 보며, 재희는 환한 햇빛 아래 신의 사랑을 느낍니다. 연약한 인간을 향한 신의 사랑은 무조건적이라는 것을.

3 신의 사랑

재희는 아우구스티누스 책을 몇 번이나 읽었습니다. 특히 승희가 입원해 있는 동안에는 얼마나 반복해서 읽었던지 겉장이 너덜너덜해질 정도였습니다. 엄마는 이런 재희를 보며 말없이 웃기만 할 뿐 별다른 얘기를 하지 않았습니다. 재희는 재희대로 어린이용 아우구스티누스를, 엄마는 엄마대로 어른용 아우구스티누스를 나란히 앉아 열심히 읽었지요. 재희는 언젠가는 엄마가 지금 읽고 있는 것도 읽으리라 생각했습니다.

밤입니다. 승희는 벌써 잠들었습니다. 이불을 잘 덮어 주고 재희는 뒷마당으로 갑니다. 사랑 의자에 앉아 하늘을 봅니다. 내년에는 중학생이 되는구나, 동우랑 예빈이랑 한결이까지 모두 같은 학교로 갔으면 좋겠다는 생각을 합니다. 그동안 많은 일이 있었다고, 큰 산을 하나 넘은 기분이라고, 오늘 밤은 왠지 잔잔한 호수처럼 마음이 평온하다고 느껴집니다. 재희의 기분을 아는 듯 사랑 의자도 삐걱삐걱 맞장구를 쳐 줍니다.

"우리 아들, 무슨 고민 있어?"

언제 엄마가 나왔는지 재희 옆에 앉습니다.

"그냥 이것저것 생각하고 있었어. 엄마는?"

"엄마도 생각할 게 있어서 나왔어. 앞으로는 이 의자를 생각 의자라고 불러야겠네."

재희와 엄마는 마주 보고 웃습니다. 재희는 웃는 엄마, 얘기를 들어주는 엄마, 책을 권해 주는 엄마, 대화를 나눠 주는 엄마가 참 좋습니다.

"아우구스티누스는 어때? 잘 돼가?"

"피, 관심 없는 거 같더니."

"무슨 소리…… 엄마는 재희 일이라면 언제나 초특급 관심이야."

엄마는 재희 손을 꼭 잡습니다. 따뜻합니다.

"여러 번 읽었는데 알 것 같은 것도 있고, 모르는 것도 있고 그래."

"음……."

"엄마는 왜 아우구스티누스에 대해 더 이상 얘기를 안 해 줬어?"

엄마는 대답 대신 밤하늘을 쳐다봅니다. 재희도 따라서 하늘을 쳐다봅니다. 별이 총총 빛나는 밤입니다. 고양이 눈 같은 반달이 하늘 가운데 걸려 있습니다.

"재희가 스스로 알아서 잘 읽고 있는 것 같아서."

"내가? 그런가? 잘 모르겠는걸."

"아우구스티누스의 여러 가지 생각 중에서 제일 중요한 게 뭐라고 생각해?"

"신의 사랑. 신은 사랑 자체라는 거."

"그래. 그거 하나면 된 거야."

"응. 하지만 삼위일체설도 있고, 신의 왕국 이야기도 있고……."

"이론이나 지식으로 머리에 쌓아 두는 것보다는 하나라도 가슴에 제대로 담아 두는 게 중요하거든. 재희는 철학이 뭐라고 생각하니?"

"철학가의 생각을 배우는 것?"

"물론 그것도 중요하지만 그보다 더 중요한 건 그들의 생각을 발판삼아 스스로 생각하는 힘을 기르는 거야. 혼자 힘으로 생각하고 문제를 해결할 능력이 없다면 모든 공부가 무슨 소용이 있겠니? 앵무새가 인간의 말을 흉내 내거나 원숭이가 재주 부리는 것에 불과하지."

엄마는 재희 손을 더 꼭 잡으며 작게 속삭입니다.

"중요한 건 지식이 아니라 지혜란다. 지식은 성과 같아서 언젠가는 무너지지만 지혜는 길과 같아서 재희가 갈 곳으로 뻗어 있거든."

재희는 고개를 끄덕이다가 며칠 고민하고 있던 문제를 엄마에게 털어놓습니다.

"엄마, 나 교회 다닐까 봐."

"왜?"

"열심히 기도해서 승희가 다 나은 건데 교회 안 다니면 벌 받을지도 모르잖아. 약속을 어겼다고."

"승희를 낫게 해 주면 교회 다니겠다고 기도했어?"

"아니, 그건 아닌데…… 신은 교회에 가야 믿을 수 있는 거 아냐?"

"교회에 다니는 건 재희 마음이지만 신이 과연 교회 안에만 존재할까? 세상이 이렇게 넓고 하늘은 저렇게 높은데 작은 교회 안에 머무르기엔 신도 답답하지 않을까?"

엄마는 빙긋 웃으며 또 하늘을 쳐다봅니다. 잘 닦은 옹기 항아리처럼 반짝반짝 빛나는 밤하늘입니다.

"재희야, 신은 이미 네 마음속에 계신걸. 아우구스티누스도 고백했잖아. 신은 시간과 공간을 초월해서 존재한다고. 저 밤하늘에도 별 하나에도 우리가 앉아 있는 이 삐걱거리는 나무 의자에도 재희 마음속에도 엄마 마음속에도 신은 이미 깃들어 계신걸."

"음…… 신은 그럼 어디에나 계신 거야?"

"재희가 믿는다면 어디에서도 신을 느낄 수 있을 거야. 신은 언제나 우리와 함께 하시니까. 그게 바로 신의 사랑이지 않겠니?"

어디에선가 바람이 붑니다. 부드럽고 커다란 신의 손길 같은 바람이 붑니다. 재희는 고요한 밤하늘 아래 신의 사랑을 느낍니다. 아주 커다란 우산 아래 보호받고 있는 듯, 재희는 마음이 평온해집니다. 엄마와 손을 잡고 집으로 늘어가면서 재희는 누군가 자신에게 가만히 속삭이는 듯한 소리를 듣습니다. 어쩌면 그것은 아우구스티누스일지도 모른다고 생각하며 재희는 빙긋 웃습니다. 마음속으로 천천히 따라 해 봅니다.

'신은 사랑, 그 자체입니다.'

아우구스티누스는 어떤 사상을 말했나요?

신이 세계를 창조하였다

아우구스티누스는 신이 질서정연한 세계를 창조했다고 생각합니다. 그는 자연의 세계가 질서에 의해 움직이는 것을 보며 신비로움을 느꼈습니다. 어릴 적 산의 신비를 경험한 이래 자연 가운데서 모든 것이 질서에 따라 움직이는 것을 실감한 것입니다. 사계절이 시간의 흐름 속에서 질서 있게 흘러가고, 공간에 질서정연하게 배치된 자연 세계는 그야말로 조화로운 풍경이었습니다.

이러한 세계를 만든 신은 사랑의 신이며 완전한 신이라고 하는데, 그렇다면 왜 지하철역의 병든 할아버지처럼 가난한 사람들이 있고, 또 고통받는 사람들도 있는 것일까요?

인간은 본래의 인간으로 돌아가야 한다

아우구스티누스는 인간은 신의 창조물이라고 했습니다. 신은 자연을 창조하고 그 위에 아름다운 자연과 더불어 사는 인간을 만들었습니다.

　그러나 인간은 신의 뜻을 따르지 않았습니다. 지금 인간은 병들어 있습니다. 인간은 그들의 선조인 아담과 이브가 지은 죄 때문에 태어나면서 죄를 가지고 태어나는 것입니다. 이것을 '원죄'라고 합니다. 사람은 원죄를 가지고 태어남으로써 창조된 상태에서 다른 인간으로 되었습니다. 신의 뜻에 따르지 않고 자신의 욕심을 추구한 인간은 스스로 일어설 수 없는 병든 상태에 이르렀습니다. 신은 인간이 선함과 진실함과 더불어 영원히 사는 것을 원하였는데, 인간은 이러한 신의 뜻을 저버렸습니다. 인간은 신의 뜻을 어기는 죄를 범하여서, 무지한 채로 죽어 가는 존재가 되었습니다. 자연의 거대한 질서에 비해서 매우 미세하고 가엾은 존재이면서도 교만과 오만에 빠져 있습니다. 인간은 그 자신이 가진 욕심과 이기적인 마음 때문에 비참한 존재로 머물게 된 것입니다. 이제 인간은 본래의 모습으로 되돌아가려고 하지만, 혼자의 힘으로는 이 병든 상태에서 벗어날 수 없습니다. 아우구스티누스는 이를 위해 인간은 신의 구원을 필요로 한다고 합니다.

　이제 본래의 모습으로 되돌아가려는 인간은 어떤 일을 해야 할까요? 다시 말하면 진실하고 선한 생활과 영원히 사는 것을 위해서 인간은 어떤 일을 할 수 있을까요?

　아우구스티누스는 인간은 자신이 지은 죄를 신에게 고백하여 신의

은총을 입어야만 비로소 현재의 병든 상태에서 벗어날 수 있다고 합니다. 신이 원하지 않았던 삶에 대해서 인간이 반성하고 다시는 그러한 잘못을 범하지 않겠다는 마음으로 신에게 용서를 빌 때, 신은 인간의 죄를 용서하고 그에게 본래의 인간의 모습을 돌려준다는 것입니다. 왜냐하면 신은 그 자체가 무한한 사랑이기 때문입니다. 신의 사랑은 용서할 수 없는 죄를 범한 인간에게도 본인이 용서를 구하면 신은 그를 용서하여 다시 본래의 모습을 찾을 수 있도록 돌봐 줍니다. 이것을 신의 '은총'이라고 하지요. 그래서 기독교를 은총의 종교라고 합니다.

그렇다면 신은 인간이 사는 것을 모두 간섭하고 통제하고 계신다는 뜻인가요?

신은 시간과 역사 안에서 활동하신다

예, 그렇지요. 아우구스티누스의 생각에 따르면 신은 시간과 역사 안에서 활동하는 동시에 시간과 역사를 초월한다고 합니다. 신이 시간과 역사 안에서 활동한다는 말은 신의 세계가 따로 있고, 가끔 신이 우리에게로 와서 명령하는 것이 아니라, 인간이 살아가고 있는 시간과 공간 안에서 신이 원하는 역사를 만들어 가고 있다는 뜻입니다. 다시 말하면 신은 항상 우리와 함께 하며, 우리는 신과 함께 있다는 것입니다.

　그렇다고 해서 신이 시간과 공간에 제한된다는 것은 아닙니다. 신은 시간과 공간 안에서 활동하면서 동시에 시간과 공간의 제한을 뛰어넘어 존재하는 분이십니다. 따라서 아우구스티누스는 신은 우리와 함께 있으면서 동시에 모든 것을 넘어서 있다고 보았던 것이죠.

　인간의 역사 안에서 활동하시는 신은 또한 인간이 스스로 자신의 세계를 만들어 가도록 선물을 주십니다. 신이 인간에게 주신 선물은 지식과 생명 그리고 능력 등 매우 다양합니다. 인간은 신이 주신 생명으로 이 땅에 태어나서 살아가게 됩니다. 생명을 가지고 산다는 것은 인간의 주변에 대해서 안다는 것을 말합니다. 인간은 지식을 쌓아서 삶의 조건들을 더 풍성하게 만들어 갑니다. 이를 위해서 인간은 다양한 능력을 가졌지요. 도구를 쓴다든가 말을 할 줄 안다든가 하는 능력 말입니다.

　그런데 아우구스티누스는 모든 능력 중에서 가장 훌륭한 능력을 '겸손'이라고 말합니다. 인간은 겸손을 통해서 비로소 배워 갈 수 있는 존재입니다. 아우구스티누스는 겸손의 상징을 인간 예수에게서 보았습니다.

　아우구스티누스가 생각하는 예수는 인간이 따라야 할 본래의 모습입니다. 신은 예수를 통해서 이 땅에서 활동하는 것이죠. 예수의 겸

손은 정점에 달합니다. 그는 핍박받고 가난한 이들과 함께 생활하였으며, 자신의 고통에 대해서도 두려워하지 않았고, 마지막에는 사람들의 영원한 삶을 위해서 자신의 생명을 바쳤습니다. 그가 보여 준 지혜로운 삶, 신을 받아들이는 경건함, 이웃을 자기의 몸처럼 대하는 사랑의 정신은 우리가 본받고 따라야 할 인간의 전형적인 모습이라고 아우구스티누스는 생각하였습니다. 그리고 예수는 인간이면서 동시에 신이신 하나님과 부자 관계를 이룸으로써 인간이 달성할 수 있는 최고의 삶이며 인간이 본받아야 할 대상이 되는 셈이죠.

아우구스티누스는 인간이 예수를 본받기 위해서 이 땅에서 할 수 있는 일을 '교회'에서 찾았습니다. 교회라는 공동체는 하나님을 믿는 믿음의 공동체입니다. 이 공동체는 인간의 원래의 모습이신 예수를 본받자고 모인 공동체입니다. 교회는 예수로부터 하나님의 말씀을 전해 듣고 이를 실천하기 위해 모인 사람들의 모임입니다. 따라서 신을 찾는 사람들은 교회에 모여 서로 공동으로 미래에 대한 희망을 갖습니다. 이제 인간은 예수를 따르는 공동체에 속함으로써 타락했던 과거를 벗고 신에 의해 새로운 인간으로 태어나 비로소 신이 원했던 인격적이고 도덕적인 삶을 살아갈 수 있게 되었습니다.

예수가 신의 아들이라고 하는데, 신이 어떻게 아들을 가질 수 있으며, 예수는 인간인데, 어떻게 신의 아들이 될 수 있나요? 예수도 신인가요?

삼위일체설

예수와 신이신 하나님의 관계는 '삼위일체' 란 말로 설명합니다. '삼위일체' 란 셋으로 나누어 있으면서 결국은 하나라는 뜻이지요. 하나인 것이 셋으로 나누어질 수 있다는 것입니다. 아우구스티누스는 신을 설명하면서 '하나이면서 셋' 이라는 개념을 어색한 표현이 아니라고 합니다. 우선 셋에 속하는 것은 신을 나타내는 것으로, 성부(聖父)와 성자(聖子) 그리고 성령(聖靈)을 뜻합니다. 예수는 성자에 속하지요. 이들은 각각 세계와 관계를 맺으면서 활동하지만 서로 구분되지 않습니다.

다시 말하면 신이 실제로 세 가지로 나누어지는 것이 아니라 세계와 관계를 맺을 때 신이 자신을 드러내는 모습이라는 것이지요. 약간 어려운 이야기입니다. 좀 더 들어 보세요.

먼저 성부는 아버지로서 '신성한 것의 근원이며 원리' 입니다. 성부는 세계 창조와 역사의 원리로서 표현됩니다. 성자는 신의 아들로서 그로부터 '태어난 자' 입니다. 인간들은 신의 아들, 성자를 통해서 신을 알고 신에게로 가까이 갈 수 있어요. 인간들은 성자를 통하지 않고서는 신의 원리를 알 수 없습니다. 성자는 성부와 인간을 연결해

주는 역할을 하고요. 그리고 성령은 아버지와 아들로부터 '나오는 자'입니다. 성령은 인간들에게 신의 뜻을 전해 주어 인간들로 하여금 신을 알게 해 준다고 해요. 이와 같이 신은 하나이면서 동시에 셋으로 표현된답니다.

좀 더 예를 들어 볼까요? '하나이면서 셋'으로 표현되는 것은 우리 주변에서도 찾아볼 수 있습니다. '사랑'의 경우 사랑하는 사람, 사랑을 받는 사람 그리고 이 양자를 연결시켜 주는 사랑이라는 것, 이들은 각기 관계에 따라서 셋이면서 하나이지요.

또한 '자기반성'이라는 개념은 존재와 지식과 의지가 하나이면서 셋임을 말해 준답니다. 자기를 반성하기 위해서는 자기가 존재해야 하고, 자신에 대해 알아야 하며, 마지막으로 반성하려는 의지가 있어야 하기 때문이지요. 물론 이러한 구체적인 예를 통해서 신의 삼위일체를 바로 알 수는 없습니다. 신의 이미지는 구체적으로 보이는 육체가 아니라 마음과 자유와 이성 그리고 인간의 자아의식에서 발견되기 때문이지요.

하나님이 어떻게 진리이신가를 이해하려면 모든 물체적인 생각을 버려야 한다고 합니다. 즉 마음으로 알려고 해야 한다는 거예요. 그것도 마음의 가장 고귀한 부분으로요. 그래서 아우구스티누스는 우리가 진심으로 가장 위에 있는 것을 찾는다면, 우리는 하나님을 만날 수 있다는 것입니다.

하나님 나라는 도대체 어떤 나라인가요?

하나님 나라

하나님 나라에 대해서 아우구스티누스는 《신국론》이라는 책을 썼습니다. 410년 로마가 기독교가 아닌 이교도의 제사를 금하고 이들의 사원을 폐쇄하자, 교회를 미워하는 사람들이 폭동을 일으켰습니다. 이즈음 게르만족의 일부를 이끄는 알라리크는 영원한 도시 로마를 점령하였습니다(410년 8월 24일). 기독교로 개종한 로마가 함락을 당하자 사람들은 신의 섭리에 의혹을 가지게 되었고, 기독교 때문에 로마 제국이 몰락하게 되지 않았나 하는 논쟁이 일어났습니다. 이때 아우구스티누스는 기독교를 옹호하려는 입장에서 하나님 나라에 관한 책인 《신국론》을 쓰게 되었어요.

아우구스티누스는 우선 지상의 나라와 하늘나라 사이의 가치가 서로 겹치는 부분이 있다고 생각합니다. 그러나 이들은 서로 분명히 다릅니다. 하나는 세속적이고 다른 하나는 거룩합니다. 하나는 바빌론이고, 다른 하나는 예루살렘입니다. 지상의 나라는 권력과 부, 안락함과 편안함을 좇기 때문에 하늘나라와 매우 다릅니다. 그러나 지상에 있는 교회는 하늘나라의 가치를 추구하기 때문에, 하늘나라와 같

은 점을 가지고 있습니다. 지상의 나라와 하늘나라는 정의와 평화에 대해 관심을 가지고 있는 것은 공통점이지만 실현시키는 면에서는 서로 차이가 있지요.

지상의 나라도 하나님의 나라와 마찬가지로 정의와 평화를 추구합니다. 그러나 참된 평화와 정의는 어느 시대를 막론하고 이 세계 너머에 존재한다고 해요. 이것은 신의 목적이라는 좀 더 높은 단계에 해당한답니다. 인간의 마음속에 있는 욕심과 사회의 부패가 너무나 깊이 뿌리내리고 있기 때문에 신이 내리는 은총 없이는 참된 평화는 있을 수 없다는 것이죠.

물론 아우구스티누스도 인간의 탐욕은 제한받고 처벌받지 않으면 커다란 무질서를 가져온다는 생각을 바탕에 두고 있습니다. 그러나 그는 세상이 그렇게 비참하고 잔인한 것으로 끝나는 것이 아니라 언제나 신이 간섭하여 정의롭고 평화로운 세계를 만든다는 확신을 가지고 있었습니다. 그래서 선한 정부와 선한 법은 아우구스티누스에게 있어서 신의 나라를 미리 보여 주는 것이었죠.

그렇다고 해서 아우구스티누스가 신의 나라만을 기다리고 있었던 것은 아닙니다. 그는 지상의 세계가 좀 더 나은 세상이 되도록 노력하였습니다. 그는 노예제도를 매우 싫어해서 교회의 돈으로 악질적인 주인으로부터 고통받는 노예들을 해방시켜 주었습니다. 그는 그

의 신도들이 히포 항구에 정착해 있는 노예선에서 직접 노예를 풀어
준 적도 있었고, 가난한 부모들이 자녀들을 내다 파는 것을 막기도
했습니다. 아우구스티누스는 평소 착하던 어떤 소작농이 자기 아내
를 내다 파는 바람에 그 문제를 해결하느라 어려움을 겪은 적도 있었
다고 합니다.

아우구스티누스는 지상의 나라는 지옥에서, 하늘의 나라는 천국에
서 종말을 맞이한다고 하는 종말론을 이야기합니다. 그러나 지상에
있는 교회에 대해서는 하늘의 나라가 갖는 권리를 주었습니다. 물론
교회에 나가는 사람들 대부분이 자신의 세속적인 목적을 위하여 개
종한 사람들, '육체적인 것에 몰두하는 평범한 사람들'이라고 생각했
지만, 이들에 대해서 절대 경시하지는 않았습니다. 왜냐하면 교회에
다니는 사람들 중에 — 눈에 잘 띄지는 않는다고 할지라도 — 분명히
선한 신앙을 가지고 헌신하는 사람들이 있다고 믿었기 때문입니다.
이들은 지상에서 천사들의 조건을 충족시킨 사람들이지요.

아우구스티누스는 지상에 살고 있는 사람들은 그리스도 예수를 제
외하고는 그 누구나 죄가 있다고 합니다. 심지어 마리아까지도 원죄
없이 태어난 것이 아니며 그녀 역시 아들에 의해 구원을 얻는다고 생
각했답니다. 그래서 지상에 사는 동안 사람들은 매일매일 조금씩 죄
로 얼룩진다고 합니다.

그러므로 사람들은 끊임없이 성스러워져야 합니다. 이것을 성화(聖化)라고 합니다. 이 세상을 사는 인간은 끊임없이 신에게로 가까이 가려고 해야 합니다.

아우구스티누스가 생각하는 '지옥'은 물리적 장소가 아니라 영혼의 눈이 멀고 신으로부터 소외된 상태라고 합니다. 그러므로 영혼의 눈이 점점 더 밝아지고 '신에게로 더 가까이' 다가가는 것은 하늘나라로 더 가까이 가고 있음을 의미하지요.

▌ 재희 어렸을 적에 - 붕어빵 사랑 ▌

　재희는 올해 세 살입니다. 혼자서 엘리베이터도 탈 줄 알고 비디오도 켤 수 있습니다. 그림을 보면 그것이 뭔지 말할 줄도 압니다. 사과, 하늘, 물, 나무…… 재희가 소리 내어 읽으면 아빠는 재희를 숨이 막힐 정도로 꼭 안아 줍니다. 엄마는 아빠와 재희를 보며 붕어빵이라 부릅니다. 재희는 붕어빵이 아닌데, 자기한테는 붕어빵 속에 들어 있는 까맣고 단맛 나는 것도 없는데, 왜 엄마가 매번 붕어빵이라 부르는지 이유를 모릅니다. 혹시 아빠는 재희 몰래 가슴속에 뭔가를 숨겨 놓고 있는 걸까요? 유심히 아빠를 바라봅니다. 얼굴도 훨씬 크고 수염도 나 있습니다.

　"재희 붕어 아냐. 붕어빵 안 해!"

　아빠는 눈이 동그래지더니 껄껄 웃습니다.

　"재희가 붕어라서 그런 게 아니라 아빠랑 너무 닮았다고 그러는 거야."

　재희는 거울 앞으로 갑니다. 자신의 눈과 코와 입을 살펴봅니다. 수염도 없는데 어디가 닮았다는 걸까요? 아, 귀 옆에 있는 점이 똑같습니다. 재희는 신기한 발견이라도 한 듯 눈을 크게 뜹니다. 분명히 아빠의 귀 옆에도 점이 하나 있습니다. 재희는 부리나케 아빠에게 달려가 귀를 잡아당깁니다. 아빠도 재희랑 똑같은 자리에 재희랑 똑같은 점이 있습니다. 신기합니다. 재희는 비밀 이야기를 하듯 아빠의 귀에 대고 엄마 몰래 속삭입니다.

"아빠, 우린 붕어빵이야."

아빠는 한참을 웃더니 재희를 번쩍 안아 들고 뺨에 얼굴을 마구 비빕니다. 재희는 기분이 좋아집니다. 어깨를 으쓱해 봅니다. 하지만 정말이지 이 철가루 같은 아빠의 수염은 어떻게 좀 했으면 좋겠다고 생각합니다. 하지만 너무 사랑하는 아빠와 붕어빵이니까 참아야겠지요.

01 여러분은 세상에 신이 있다고 믿나요? 만약 그렇다면 왜 신은 인간을 창조하고 시련을 주는 걸까요? 재희의 생각처럼 신이 인간을 사랑한다면 인간은 모두 행복해야 하는 것이 아닐까요? 여러분의 생각을 적어 보세요.

02 재희는 같은 반의 짝꿍인 예빈이를 좋아합니다. 하지만 그 마음을 들키지 않으려고 합니다. 여러분은 혹시 누군가를 좋아하면서 그 마음을 숨기고 싶었던 적이 있나요? 그랬다면 왜였는지 그 이유를 적어 보세요.

03 아우구스티누스는 신의 사랑 안에서만 우리가 행복할 수 있으며 이 세상의 모든 것은 신의 뜻이라고 하였습니다. 여러분들도 그렇게 생각하나요? 만약 그렇다면 왜 그런지, 아니라면 왜 아니라고 생각하는지 적어 보세요.

04 여러분은 사랑이 무엇이라고 생각하세요? 눈에 보이지 않는 사랑을 여러분은 어떤 때에 느끼나요? 여러분의 생각을 적어 보세요.

05 재희는 동생 승희가 사고를 당하자 신은 불공평하다고 생각하게 됩니다. 여러분도 신이 불공평하다고 느낀 적이 있나요? 그렇다면 언제 그랬는지 적어 보세요.

06 엄마는 재희에게 철학이 무엇인지 이야기해 주시면서 지식과 지혜의 차이를 말합니다. 여러분은 지식과 지혜의 차이가 무엇이라고 생각하나요?

통합형 논술
문제풀이

01 재희는 절대자 신이라면 아무것도 못하는 게 없을 텐데 친구인 한결이가 매 맞는 것도 막지 못한다면 무슨 소용이 있는지, 아우구스티누스가 말한 '신의 사랑'이 이런 것인지 혼란스러웠습니다. 그런 재희에게 엄마는 신의 뜻을 알기 위해선 좀 더 기다려야 한다고 말합니다. 또 신이 한결이를 더 강하고, 더 빛나는 사람이 되게 하기 위해 시련을 주시는 거라고 말합니다. 신은 인간이 이겨 낼 만큼만 시련을 주신다고 이야기합니다.

아우구스티누스는 인간은 자신이 지은 죄를 신에게 고백하여 신의 은총을 다시 입어야 비로소 현재의 병든 상태에서 벗어날 수 있다고 하였습니다. 인간이 신이 원하지 않았던 삶을 산 것에 대해서 반성하고 다시는 그러한 잘못을 범하지 않겠다는 마음으로 신의 용서를 빌 때, 신은 인간의 죄를 용서하고 그에게 인간의 본래 모습을 돌려준다고 합니다. 왜냐하면 신은 그 자체가 무한한 사랑이기 때문입니다.

02 재희는 사랑이 보이는 것인지, 보이지 않는 것인지 모릅니다. 신이 있는 것인지, 있다면 왜 시련을 주시는지 알지 못합니다. 하지만 엄마는 신은 이미 우리들 마음속에 있다고 말합니다. 아우구스티누스도 신은 시간과 공간을 초월해서 존재한다고 이야기합니다. 우리가 신을 믿는다면 어디에서도 신을 느낄 수 있는 것처럼 우리가 사랑을 믿는다면 어디에서도 사랑을 느낄 수 있을 것입니다. 여러분도 누군가를 사랑한다면 감추지 말고 사랑한다고 말해 보세요. 그러면 사랑이 보일 것입니다.

03 아우구스티누스는 신은 시간과 역사 안에서 활동하며 동시에 시간과 역사를 초월한다고 하였습니다. 신이 시간과 역사 안에서 활동한다는 말은 인간이 살아가고 있는 시간과 공간 안에서 신이 원하는 역사를 만들어 가고 있다는 뜻입니다. 다시 말하면 신은 항상 우리와 함께하며, 우리는 항상 신과 함께 있다는 것입니다.

인간의 역사 안에서 활동하는 신은 또한 인간이 스스로 자신의 세계를 만들어 가도록 선물을 줍니다. 신이 인간에게 주신 선물은 지식과 생명 그리고 능력 등 매우 다양합니다. 인간은 신이 주신 생명으로 이 땅에 태어나서 살아가게 됩니다.

이러한 것들을 생각해 볼 때 이 세상의 모든 만물이 생겨나고 살아가는 것은 모두 신의 뜻이라고 생각할 수 있을 것입니다.

04 사랑은 눈에 보이지 않지만 우리 주변 어디에나 있습니다. 신의 은총이나 사랑은 보이지 않지만 우리가 어느 순간 느낄 수 있듯이 부모님의 사랑, 형제간의 사랑도 눈에 보이지는 않지만 항상 우리를 따뜻하게 감싸고 있음을 느낄 수 있습니다.

가끔 부모님과 떨어져 있어도 항상 나를 지켜 주는 누군가가 있다고 우리는 믿습니다. 힘든 일이 있을 때마다 곁에 있을 수는 없지만 부모님을 생각하면 힘이 날 때가 있습니다. 이런 것들이 모두 사랑의 힘입니다.

05 신은 모든 인간을 사랑합니다. 그래서 자연을 창조하고 그 위에 아름다운 자연과 더불어 사는 인간을 만들었습니다. 그런데 인간은 이러한 신의 뜻을 따르지 않고 죄를 지었고, 창조된 상태의 인간이 아니라 다른 인간이 되어 버린 것입니다. 신의 뜻에 따르지 않고 자신의 욕심을 추구한 인간은 스스로 일어설 수 없는 병든 상태에 이르렀고, 그래서 매우 작고 가엾은 존재이면서도 교만과 오만에 빠진 존재가 된 것입니다. 인간은 그 자신이 가진 욕심과 이기적인 마음 때문에 비참한 존재로 전락해 버렸습니다. 그래서 이러한 인간이 본래의 모습으로 되돌아가기 위해서는 신의 구원이 필요한 것입니다. 즉 신이 불공평한 것이 아니라 인간이 신의 사랑을 저버리고 불공평한 세상 속에 남겨지게 된 것입니다.

06 엄마는 재희에게 철학이 무엇인지 말씀해 주시면서 지식보다 지혜가 더 중요하다고 말합니다. 이론이나 지식을 머리에 쌓아 두는 것보다는 하나라

도 가슴에 제대로 담아 두는 게 중요하며
지식은 성과 같아서 언젠가는 무너지지만
지혜는 길과 같아서 우리가 갈 곳으로 뻗
어 있다고 말합니다.

학교에서 배우는 수학과 영어 등의 지식은
우리의 삶을 편하게 할 수 있습니다. 하지
만 그러한 지식을 어떤 일에 사용할 수 있
을지 고민하는 일은 지혜가 없이는 할 수
없는 것입니다. 지혜가 없는 지식은 위험
합니다. 진정 현명한 사람은 지혜로 지식
을 다스릴 줄 아는 사람입니다.